THE PROFESSIONAL

Western Cooking | 고급 서양요리

THE PROFESSIONAL

Western Cooking

고급 서양요리

이두찬 · 이은정 · 김성국 지음

교문사

PREFACE

각종 언론매체의 인기 프로그램 및 개인적인 모임에서의 대화 주제가 요리에 맞춰지고, 접시에 담겨 있는 음식에 대해 이야기가 시작되면 자연스레 그 음식이 완성되기까지의 과정을 생각하게 됩니다.

좋은 요리를 만들 수 있는 전제 조건 중 가장 중요한 것은 조리하는 사람의 역량입니다. 따라서 조리사는 이러한 역량을 계속 향상시키는 것이 중요하며, 그러기 위해선 다음의 과정이 필요하다는 것을 오랜 경험을 통해 알게 되었습니다.

첫째, '왜?'라는 의문을 가지고 적용된 과학적인 지식과 조리기술을 이해하는 것
둘째, 접시에 담긴 음식을 복제하여 시제품을 생산할 수 있도록 기능을 갖추는 것
셋째, 조리법, 맛, 담기 등을 통하여 기능을 개선할 수 있도록 기술을 숙련시키는 것
넷째, 새로운 메뉴 개발과 상품화하는 능력을 배양하는 것

즉, 좋은 음식이 접시에 담길 수 있도록 지속적으로 연구하는 자세와 노력이 필요하다는 것입니다.

이 책은 여러 학교에서 서양조리를 담당하고 있는 집필진들이 현장교육의 경험을 바탕으로 서양요리의 변화 흐름을 반영하고자 하였고, 이론을 간추렸으며 실기 부분에는 가장 많이 사용되는 메뉴로 구성하였습니다. 서양요리를 배우려는 학생, 산업체

조리사들을 위하여 구성하였으며 다음과 같은 내용을 담고 있습니다.

먼저 1부 서양요리의 입문에서는 서양요리의 개요, 서양요리의 조리기구와 기본썰기 방법, 서양요리의 향신료와 양념으로 구성하였고, 2부 서양요리의 실제에서는 조식의 이해, 스톡과 수프, 소스와 드레싱, 애피타이저와 샐러드, 전분 조리, 채소 조리, 육류 및 가금류 조리, 생선 및 해산물 조리, 파스타와 피자, 파테와 테린, 샌드위치로 구성하여 서양요리에 대한 기초지식을 바탕으로 레시피를 보고 직접 따라 할 수 있도록 구성하였습니다.

열정과 노력으로 집필하였으나 부족한 점이 많을 거라고 생각됩니다. 아낌없는 조언을 기대하며 부족한 점은 계속 수정·보완해 나갈 것입니다. 또한 후학들을 현장과 연계하여 효율적이고 실무에 적용 가능한 수업이 되도록 노력하겠습니다. 마지막으로 본서가 출간되도록 힘써 주신 교문사의 류원식 사장님과 정용섭 부장님, 편집부 직원 여러분들께 감사드립니다.

2019년 7월

저자 일동

CONTENTS

03 소스와 드레싱 60

04 애피타이저와 샐러드 92

05 전분 조리법 112

PART I

서양요리의 입문

01
서양요리의 개요

서양요리라 함은 지리상으로 동양과 서양을 구분하였을 때, 미국을 포함한 유럽의 여러 나라에서 발달한 음식을 말하는 것으로, 지역의 여건, 풍습, 생활습관이 포함된 다양한 식생활 문화를 가지고 있다. 서양요리의 일반적인 특징은 코스별로 제공되는 음식, 개인용 그릇, 포크와 나이프를 사용한 식사 예법 등이다. 그리고 각 코스에 제공되는 음식은 드레싱, 채소, 전분, 소스 등이 곁들여져 색상·질감·맛의 조화 및 영양을 고려한 합리성이 중요시되고 있다.

❶ 음식물을 조리하는 이유

음식물은 열을 가함으로써 조리된다. 음식물에 가해진 열은 음식물의 소화를 보다 용이하게 해주고, 유해한 세균을 죽여 음식의 안전성을 높이며, 음식물을 보다 보기 좋고 맛있게 해준다. 열은 섬유질을 분해하며, 과일이나 채소에 함유되어 있는 펙틴 pectin을 부드럽게 하고, 고기나 기타 육류의 연결 조직 일부를 부드럽게 한다. 60℃ (140°F) 이상의 열을 최소 15분간 가하면 인체에 병을 유발시킬 가능성이 있는 유해한 세균이 사멸된다.

쇠고기, 가금류 또는 생선과 같은 재료를 구울 때에는 육류의 표면에 있는 수분이 증발되고 즙 속에 함유된 소금과 조미료는 그대로 남아 있게 된다. 또한 설탕과 단백질은 갈색으로 변하고 표면에는 짙은 맛이 생겨나며, 지방질은 구워져 훌륭한 맛과 색깔을 내게 된다.

채소나 곡물류와 같은 전분 식품은 그 속에 함유되어 있는 셀룰로이드 섬유 및 전분 입자가 수분을 흡수하여 팽창함으로써 연화되도록 조리해야 한다. 쌀이나 오트밀 oatmeal은 그대로 먹으면 소화하기 어렵기 때문에 조리를 하는데, 이들 전분 입자는 수분을 빨아들이고 팽창하여 부드러워진다. 밀가루를 조리하면 그 속에 함유되어 있는 전분질의 냄새가 제거될 뿐만 아니라 맛도 좋아지며, 소화가 용이해진다. 채소를 조리하면 열이 색깔과 맛을 악화시킬 수 있는 효소의 활동을 저지시킬 뿐만 아니라, 채소 속에 함유된 섬유소를 부드럽게 하여 먹기 쉽고, 소화가 용이해진다.

어떤 음식물을 조리할 때, 어떤 식품 재료는 열을 가열함으로써 비타민이 파괴되기도 하고, 고열을 너무 장시간 가할 경우 음식물을 불필요하게 건조시키거나 단백질을 단단하게 하기도 한다. 또한, 조리로 인하여 대부분의 과일이나 채소를 너무 무르게 하고 그 색깔과 맛을 손상시키기도 하므로, 식품에 열을 가하여 얻어지는 유익한 효과를 최대화하는 동시에 유익하지 못한 결과를 최소화하는 것이 중요하다. 과도한 조리는 쇠고기, 가금류, 생선, 달걀, 치즈 등과 같은 단백질 성분의 음식물을 딱딱하고 건조하게 만든다.

❷ 비타민과 조리

조리과정 중에 가장 쉽게 파괴되는 것은 비타민 C이다. 비타민 C는 모든 비타민 가운데서 음식물 속에 보유하기 가장 어려운 물질로 산소와 쉽게 결합하며, 물에 용해되기 쉽고 열이나 알칼리에 의해 파괴되기 쉽다. 인체는 그 조직의 형성 및 기타 체내의 기능을 위해 매일 약 반 방울 정도의 비타민 C를 필요로 한다. 신선한 과일이나 채소에 함유되어 있는 비타민 C를 섭취하고자 한다면 과일이나 채소를 생으로 먹거나, 가능한 한 짧은 시간 내에 약한 열로 조리해야 한다. 체내의 신진대사를 이루고, 신경계통의 정상적 기능을 위하여 비타민 B의 도움이 필요한데, 비타민 B군(티아민, 리보플라빈, 니코틴산, 피리독신, 엽산, 판토텐산, 비오틴, 비타민 B_{12})도 과도한 조리

표 1-1
육류 조리 시 티아민(비타민 B_1)의 상실도

조리법	티아민의 손실량
브로일링(broiling)	15~40%
프라잉(frying)	40~50%
로스팅(roasting)	30~60%
브레이징(braising)	50~75%

를 할 경우 상당량이 파괴된다. 육류 조리 시 티아민(비타민 B_1)의 일부가 상실되는데 그 양은 조리방법에 따라 달라진다.

브레이징braising으로 조리할 때와 비교해서 브로일링broiling으로 조리할 때 티아민의 손실량이 적은 이유는 조리시간이 짧기 때문이다. 따라서 조리시간이 길수록 비타민의 손실량도 그만큼 많아진다.

채소를 조리할 때는 섬유소를 부드럽게 하고 전분을 조리하는 동시에 본래의 색깔이 유지되도록 주의해야 한다. 채소는 찌거나 끓는 물 속에 넣고 삶아서 조리하기 때문에 부드러워질 만큼만 적당히 조리해야 한다. 과도하게 조리할 경우 채소가 너무 물러지고, 열 때문에 엽록소는 다갈색으로 변하며, 백색소는 순백색을 상실하여 적색소, 자색소, 청색소 및 기타 적색소, 오렌지 색소, 황색소 등이 물속으로 용해된다. 적절한 조리는 맛을 증진시키는 데 반해, 과도한 조리는 일부의 훌륭한 맛 성분들을 없애버리거나 음식에 좋지 않은 맛을 부가하기도 한다.

맛이 너무 강한 양파, 양배추, 브뤼셀 스프라우트brussel sprouts, 케일kale, 루타바가rutabaga, 순무turnip 등과 같은 채소를 조리하면 유독성 유화물(냄새 있는 이물질 총칭)의 일부를 제거함으로써 맛을 좋게 할 수 있다. 빵을 구울 때 음식물 속에 함유된 수분이 제거되는 것은 바람직하지만 가금류, 생선 및 조개류를 조리할 때 과도한 열을 가하면 함유된 수분이 상실되어 단백질이 단단해지고, 육즙이 증발되어 맛이 손상된다. 열로 인하여 색과 맛, 그리고 비타민이 상실되지만 돼지고기의 선모충은 내부 온도 79℃, 가금류의 살모넬라균은 85℃ 이상이면 사멸되므로 경우에 따라 조리방법을 적절히 이용한다.

❸ 조리에 따른 산도 및 알칼리도

음식물의 산도acidity 및 알칼리도alkalinity는 맛과 조리에 영향을 미친다. 산도는 신 맛을 가리키는 것으로 식초vinegar를 뜻한다. 토마토, 크랜베리 및 대부분의 과일들은 산성 식품에 속하며, 대부분의 채소도 과일보다는 약하나 산성 식품이다. 이와 반대로 쇠고기를 비롯한 육류, 우유, 달걀은 산도가 낮은 식품이다. 알칼리는 산과 반대의 성질을 가지고 있으며, 쓴맛을 내고 베이킹소다baking soda, 소다 크래커soda cracker, 익은 올리브, 달걀흰자 등이 해당된다. pH 수치는 산소 이온농도를 가리키는 것으로 수치가 7보다 낮을수록 산도는 높아지며, 7보다 높을수록 알칼리도가 높아진다.

산은 설탕의 단맛에 영향을 주기 때문에 산이 첨가되면 단맛이 줄어든다. 주석이나 레몬주스에 설탕을 첨가하고 가열하면, 설탕의 일부가 과당이나 포도당으로 변하여 그 단맛이 증가하게 된다. 일반 반죽dough이나 묽은 반죽batter을 부풀게 하려면 버터밀크buttermilk, 당밀molasses, 주석산cream of tartar과 같은 산성 식품이 함유되어야 산과 반응을 일으켜 이산화탄소 가스를 만들어 내고 그로 인해 도우dough나 배터batter가 팽창된다.

대부분의 세균은 산도가 강하면 사멸된다. 거품을 낸 달걀흰자beaten egg white는 산성 식품인 베이킹파우더나 주석산이 첨가되면 팽창하고 더욱 단단해지는데, 이러한 것들이 달걀흰자 속에 함유되어 있는 수분의 누출을 방지한다. 결국 달걀흰자에 산을 첨가하면 흰자의 부피와 안정도를 증가시킬 수 있다. 산은 녹색 채소의 색깔 유지에 영향을 미친다. 완두콩과 같은 연녹색의 채소류에 일정한 양의 산을 첨가할 경우에는 탁한 녹색으로 변하고, 사탕무나 적양배추red cabbage와 같은 적색 채소류에 산을 첨가하면 채소의 붉은 색상은 더욱 선명한 선홍색으로 변한다. 샐러드에 산을 첨가하면 색깔은 변하지 않고 시들게 되며, 그 색깔은 탁해진다. 알칼리는 백색 채소를 황색 또는 회색으로 변화시키는 경향이 있다. 산은 전분 혼합물을 분해하여 전분의 농도가 짙어지는 것을 방해하기 때문에 전분 식품은 레몬이나 대부분의 신 과일 또는 베리류berries와 같은 산성 과일과 함께 조리되어서는 안 된다.

표 1-2 산도(pH)와 해당 식품들

산도(pH)	산성 정도	해당 식품
0	10,000,000	pH 2.0~3.7(강산성) : 라임(lime)
1	1,000,000	레몬, 식초, 자두(plum)
2	100,000	구스베리(gooseberry), 피클(pickle), 대황(rhubarb)
3	10,000	포도주스, 사워크라우트(sauerkraut), 진저 에일(ginger ale), 대부분의 과일
4	1,000	pH 3.7~4.5(산성) : 오렌지, 체리, 배, 사과주스, 토마토주스, 버터밀크(buttermilk)
5	100	• pH 4.5~5.3(중산성) : 바나나, 무화과(fig), 아스파라거스, 단호박, 시금치, 당근, 커피, 사탕무 • pH 5.3~7.0(약산성) : 버터
6	10	우유, 새우, 대부분의 채소, 완두콩(sweet peas)
7	0	쇠고기, 연어
8	10	pH 7 이상(알칼리성)
9	100	익은 올리브, 생크림, 크래커(cracker)
10	1,000	달걀흰자, 경수(hard water)
11	10,000	나트륨(sodium) 교환에 의해 경화된 물

❹ 조리에 유용한 온도

조리 시 꼭 알아야 하는 온도는 다음과 같다.

표 1-3 조리에 유용한 온도표

온도(℃)	해당 사항
285~304.5	브로일링(broiler heat-gratinating) 온도
254.5	높은 열 오븐 온도
171	중간 열 오븐 온도
160~246	볶기(sauteing) 온도

(계속)

온도(℃)	해당 사항
160~179	튀기기(deep-fat frying) 온도
149~245.5	그릴링(grilling) 온도
149~199	글레이징(glazing) 온도
141~254.5	굽기(baking) 온도
141~199	오븐 속에서의 브레이징(braising) 온도
141~160	포엘레(poele) 온도
129.5~149	기름에 데치는(blanching in oil) 온도
121.5~141	스튜잉(stewing) 온도
110~190	로스팅(roasting) 온도
110	낮은 오븐 열(low oven heat) 온도
	압력 스티밍(steaming in pressure cooker = 6.5psi) 온도
	물속에서의 블랜칭(blanching in water) 온도
	비등점(boiling point) 온도
93	자연 전분이 젤이 되는 온도(natural starches become gel : potatoes, cereals, rice, flour, arrowroot, tapioca)
91	전분이 결합하여 걸쭉하게 하는 성질을 잃게 하는 온도(starch binding agents lose some of their thickening powder)
90~97	시머링(simmering) 온도
88~91	허브티, 커피를 우려내는 온도(herb tea, coffee infusions)
85	박테리아 멸균을 위한 식기세척기 물의 온도
	다른 내용 혼합 시 가금류 내부 온도(internal meat temperature of poultry)
79	돼지고기 내부 온도(internal meat temperature of pork)
74	송아지 고기의 웰던(well done) 조리 시 내부 온도
73.9	식품 재가열 온도(15초 이상 유지)
	가금류의 웰던 온도
	야외 전처리 엽조류(game, 최소 15초간 유지) 온도

(계속)

온도(℃)	해당 사항
71	패스트 푸드의 재생 온도(regeneration temperature for fast food)
	달걀노른자 응고 온도
	적색 육의 '웰던' 조리 시 내부 온도(internal meat temperature for 'well done' red meat)
68.3	상업적 전처리 엽조류(game, 최소 15초간 유지) 온도
	갈은 쇠고기와 돼지고기 혼합 시 내부 조리 온도
	돼지고기, 햄, 소시지, 베이컨의 내부 조리 온도(15초 이상 유지)
	갈은 음식 온도(갈은 쇠고기·소시지·생선 저민 것이나 편을 뜬 것, 15초 이상 유지)
	주입된 고기(injected meat, 최소 15초 이상 유지)
65	달걀흰자 응고 온도
62.8	달걀(최소 15초간 유지)
	쇠고기 로스팅 시 내부 조리 온도(15초간 유지)
60~65	병원성 세균 사멸 온도[저온살균 온도, killing of pathogenic agents after a certain period of time (pasteurizing)]
60	쇠고기 로스팅 시 '미디움' 내부 온도(internal meat temperature of large beef roasts of 'medium')
	로스트 비프(roast beef) 내부 조리 온도(12분간 유지)
54.5	쇠고기 로스팅 시 '미디엄 레어' 내부 온도
49	대부분의 더운 음식을 먹는 온도(eating temperature for most hot dishes)
	쇠고기 로스팅 시 '레어' 내부 온도(internal meat temperature of large beef roasts for 'rare')
38	쇠고기 로스팅 시 '블루'('real rare' 혹은 '차갑지 않다'의 뜻) 내부 온도(internal meat temperature of large beef roasts for 'bleu')
21.1	흐르는 물에 냉동제품 해동 온도
10~49	수분 존재 시 박테리아 성장의 최상 온도(with moisture, bacteria develop best)
10~21.1	건조 식자재 보관 온도
7.2	생패류 검수 온도(생조개류, 생바닷가재)
6~9	감자 저장 시 적합 온도(optimal storage temperature for potatoes)

(계속)

온도(℃)	해당 사항
4.4~60	잠재 위해식품 온도 위험구간(danger zone)
4.4~7.2	신선한 과일이나 채소의 보관 온도
4.4	수육, 가금육, 어류, 해산물 검수 온도
	식품 냉각온도
4~6	채소와 과일의 적합 저장 온도(optimal storage temperature for vegetables and fruits)
3~5	끓인 식품의 적합 저장 온도(optimal storage temperature for boiled products)
0~3	육류, 어류, 유제품의 적합 저장 온도(optimal storage temperature for meat, fish and milk products)
0~2.2	로스팅용 고기, 스테이크용 고기, 소갈비의 보관 온도
	갈은 고기, 스튜 고기의 보관 온도
−3.3~0	심층냉각 온도
−12.2~−14.4	아이스크림 검수 온도
−17.8	냉동포장제품 검수 온도
−18~−22	냉동된 식품의 저장을 위한 냉동고 온도
−40~−60	급속 냉동 시 적합 저장 온도(optimal storage temperature for shock−freezing)

02

서양요리의 조리기구와 기본 썰기

❶ 조리기구

표 1-4
칼의 종류

이미지	이름	설명
	셰프 나이프 (chef's knife)	프렌치 나이프(French knife)라고도 한다. 다용도 칼로 찹핑(chopping), 슬라이싱(slicing), 민싱(mincing, 다지기)에 사용된다. 칼날 길이가 보통 8~14″ 사이이다.
	보닝 나이프 (boning knife)	고기와 뼈를 분리하기 위해 사용되는 얇은 날의 칼로, 칼날이 유연하거나, 단단할 수 있다. 칼날 길이가 6″ 정도이다.
	필렛팅 나이프 (fileting knife)	유연한 칼날이 있어 생선 필렛을 뜨는 데 사용하며, 보닝 나이프와 크기와 모양이 같다.
	팔레트 나이프 (palette knife)	유연한 둥근 모양의 칼로 팬케이크와 그릴한 음식을 뒤집거나 내용물과 글레이즈(glaze)를 바르는 데 사용한다. 금속 스파튤라(spatula)라고도 한다.
	페어링 나이프 (paring knife)	과일과 채소의 껍질을 깎고 손질하는 데 사용되는 짧은 칼로 칼날 길이가 2~4″ 정도이다.
	투르네 나이프 (tourne knife)	페어링 나이프와 유사한 작은 칼로 투르네(tourner)를 하기 위한 곡선 칼날이 있다.

주 : 1″(인치)=2.54cm

- 시누와즈chinoise : 음식을 거르는 데 사용하는 원형 체로, 아주 가는 철사를 꼬아서 만든다.
- 푸드 밀food mill : 부드러운 식품을 갈기 위해 사용된다.
- 푸드 프로세서food processor : 음식을 갈아서 부드럽게 만들기 위한 작업 도구로서, 교환이 가능한 칼날, 디스크와 모터에서 분리할 수 있는 볼bowl과 뚜껑이 있다. 내용물을 갈아서 무스mousse 같은 음식을 만들 때 효율적으로 이용하여 다양한 작업이 가능하다. 예를 들어 chopping, grinding, pureeing, emulsifying, kneading, slicing, shredding, cutting, julienne 등이 가능하다.
- 파리지엔 스쿱parisienne scoop : 채소나 과일로 구 모양을 만드는 데 사용하는 작은 기구로 '멜론 볼러melon baller'라고도 한다.
- 란도rondeau(Fr.) : 두 개의 손잡이가 있는 얕고, 넓은 일직선의 냄비를 말한다.
- 소테스sauteuse : 경사가 있는 얕은 팬으로 긴 손잡이가 하나 있다. 소테saute에 사용되어 소테 팬이라고 한다.
- 소트와르sautoir : 직선의 면이 있는 얕은 팬으로 긴 손잡이가 하나 있다. 소테스와 마찬가지로 소테에 사용되어 소테 팬이라고 한다.
- 스파이더spider : 손잡이가 긴 스키머로, 뜨거운 액체 또는 지방에서 식품을 제거하거나, 액체의 표면에서 기름을 제거하기 위해 사용된다.
- 스피트 로스트spit-roast : 식품을 긴 꼬챙이에 꽂아 로스트하는 것을 말한다.
- 웍wok : 중국 조리기구로 밑이 둥근 금속 팬이며, 중식의 모든 조리방법에 사용된다.

❷ 기본 썰기

표 1-5
기본 썰기의 종류

이름	길이	그림
브뤼누아즈 (brunoise)	0.3cm×0.3cm×0.3cm (1/8″×1/8″×1/8″)	
스몰 다이스 (small dice)	0.6cm×0.6cm×0.6cm (1/4″×1/4″×1/4″)	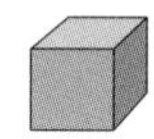
다이스 (dice)	1.2cm×1.2cm×1.2cm (1/2″×1/2″×1/2″)	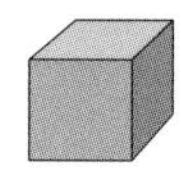
큐브 (cube)	2.54cm×2.54cm×2.54cm (1″×1″×1″)	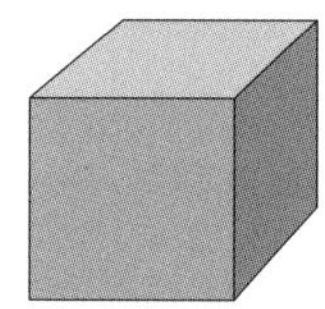
줄리엔 (julienne)	3mm×3mm×2.5cm or 5cm (1/8″×1/8″×1″ or 2″)	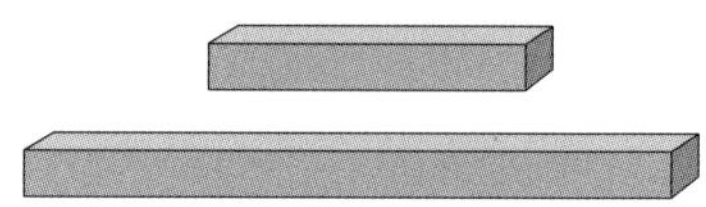
바토넷 (battonet)	6mm×6mm×2.54cm or 5cm (1/4″×1/4″×1″ or 2″)	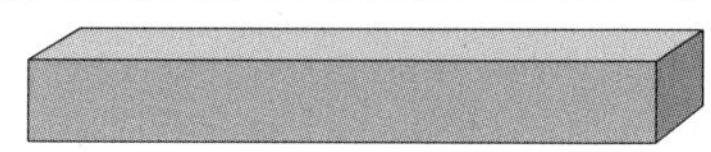
페이잔느 (paysanne)	1.2mm×1.2mm×0.3cm (1/2″×1/2″×1/8″)	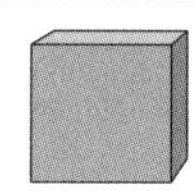

주 : 1″(인치)=2.54cm
자료 : The culinary Institute of America.

- 찹chop : 1mm 크기의 정육면체 모양으로 써는 방법
- 슬라이스slice : 1mm×4cm의 두께로 써는 방법
- 쉬레드shred : 1mm 두께로 길게 써는 방법
- 에망세르emincer : 고기를 얇게 써는 방법(우리말로는 ‘저미다’)
- 샤토chateau : 4cm 길이의 타원형으로 써는 방법(투르네tourner와 비슷)
- 쉬포나드chiffonade : 실처럼 가늘게 써는 방법

- 콩카세concasse : 가로, 세로 1.5cm의 정사각형으로 얇게 써는 방법
- 올리베트olivette : 올리브형으로 써는 방법
- 파리지엔parisienne : 둥근 구슬형으로 써는 방법
- 투르네tourner : 5cm×7cm의 슬라이스로, 돌리면서 모양을 내는 방법

03

서양요리의 향신료와 양념

❶ 향신료와 양념

- 허브herb : 향기가 있는 풀을 가리키며 요리, 약용으로서 이용되고, 라틴어로는 '초록색 풀'이라는 의미를 갖는다. 허브는 약초藥草 또는 향초香草라고 할 수 있으며, 영어 발음 시 '허브'가 아니라 '어브'로 발음하는데, 'h'가 묵음이다.
- 스파이스spice : 허브가 식물의 잎인 반면, 스파이스는 식물의 껍질, 열매, 뿌리, 줄기, 씨앗, 꽃 등에서 얻는 자극적이거나 아로마틱한 양념류seasoning이다.

❷ 향신료의 구분

(1) 요리에 주로 사용되는 허브

- 바질basil : 지중해 요리인 페스토pesto의 주 재료로 달고 매운맛의 민트과 향신료이다. 이탈리아 요리에 많이 사용되며, 특히 토마토 요리에는 반드시 사용한다. 향이 좋아 올리브유이나 식초와 혼합하여 바질오일, 바질식초를 만들기도 한다.
  #요리 육류 및 가금류 요리, 파스타류의 소스, 토마토소스, 토마토샐러드 등
- 월계수잎bay leaves : 유럽 월계수의 말린 잎. 얼얼한 맛과 특이한 향미가 있는데, 어느 요리에나 이용할 수 있는 허브이다. 식욕을 촉진하는 향미와 방부력도 뛰어나다.

#요리 대부분의 스톡과 소스, 마리네이드marinade, 스튜, 고기 및 생선 요리, 우유를 이용한 요리 등

- 처빌chervil : 다른 허브와 조합하면 독특한 풍미가 향의 하모니를 북돋우며, 특히 핀 허브fines herbs에는 빠질 수 없다. '핀 허브'란 프랑스에서 오믈렛이나 소스에 쓰이는 허브의 혼합제로 처빌 외에 차이브, 타라곤, 파슬리 등 4종의 허브를 잘게 썰어 같은 양씩 섞은 것이다.

#요리 생선·가금류 요리와 소스, 샐러드 등

- 차이브chive : 에센셜오일essential oil에 유황이 함유되어 있어 독특한 풍미와 향을 내며 식욕 증진, 신장의 강장작용, 혈압 하강을 돕고 방부제 역할을 한다.

#요리 주로 생선이나 육류에 향미를 더하는 데 이용하며, 잎은 다져 샐러드, 생선 요리, 수프, 오믈렛에 가니쉬로 이용한다.

- 실란트로cilantro : 고수chinese parsley, 코리앤더coriander라고도 하며, 강한 시트러스citrus 향미를 지닌다. 아시아 요리, 멕시코 요리에서 샐러드와 소스에 사용된다.

#요리 동남아시아 요리(샐러드, 수프, 육류 요리), 남미 요리(샐러드, 소스)

- 딜dill : 강한 향미를 가지며, 식물 전체에서 향기가 난다. 줄기, 잎, 꽃종자 모두 이용할 수 있으며, 신맛이 강한 요리에 많이 사용된다.

#요리 각종 해산물 요리, 연어 요리, 샐러드, 피클, 닭고기 요리, 드레싱 등

- 마조람marjoram : 회색빛이 도는 초록색 허브로, 달콤한 향기와 약간의 민트맛이 나고 오레가노와 비슷하나 훨씬 부드럽다. 향기가 강하고, 진정작용이 뛰어나 건강음료로 애용되며, 잎에서 채취한 정유는 향수와 화장수로 쓰인다.

#요리 육류 로스팅 시 마리네이드로 이용되며 수프나 스튜, 달걀 요리, 치즈 요리, 샐러드 등에 이용된다.

- 애플민트apple mint : 사과의 단맛과 민트의 청량감이 합쳐진 향이 난다. 향미가 좋아 민트소스를 만드는 데 주로 이용된다. 잎은 전면이 털로 덮여 있어 부드럽고, 그 때문에 울리민트wooly mint라고도 부른다.

#요리 고기·생선·달걀 요리, 디저트 장식, 소스, 젤리 등

- 페퍼민트peppermint : 수요가 가장 많은 민트 종류로, 얼얼하고 강한 청량감이 있다. 후추를 연상케 하는 톡 쏘는 향미가 있으며, 방부·살균작용이 있고, 위나 장의

정장효과도 있다.

#요리　허브차, 전채나 샐러드, 디저트

- 스피어민트spear mint : 요리의 보향제로 가장 많이 쓰이는 박하류로 양고기 요리에 필수적이며, 약초로 신경이나 근육을 이완시켜 진정, 진통의 효과가 크다.

  #요리　양고기 요리에 필수이며 육류, 생선, 채소, 소스에 사용된다.

- 오레가노oregano : 독특한 향과 맵고 쌉쌀한 맛이 토마토와 잘 어울린다. 토마토를 이용한 이탈리아 요리, 특히 피자에 꼭 필요한 향신료이다.

  #요리　토마토가 들어가는 요리에는 필수적이며 피자, 치즈, 육류, 생선, 채소 등에 사용된다.

- 파슬리parsley : 향기 있는 허브로 뿌리, 줄기, 잎에 비타민 A 함량이 높다. 마늘과 양파 향을 줄이는 데 매우 효과적이며, 향을 섞는 데 사용한다. 잘게 썰어서 완성된 요리 위에 뿌리기도 한다.

  #요리　월계수잎, 타임과 함께 부케가르니(향료 다발)에 이용되고 소스, 파슬리버터 등에도 이용된다.

- 로즈마리rosemary : 소나무잎처럼 뾰족하며, 장뇌와 비슷한 산뜻하고 강한 향이 있다. 유럽에서는 약, 향수에 사용되었는데 강장, 진정, 소화, 수렴 등의 효과가 있으며 구충작용, 항균작용이 있다.

  #요리　돼지, 양 등의 냄새가 강한 육류 요리, 스튜, 수프, 소시지 등

- 사프란saffron : 모든 향신료 중에서 가장 값비싼 종류의 하나로 가을 크로커스 식물의 실 같은 암수술로 만들어진 것이다. 사프란은 이탈리아 최고의 스튜 요리를 위한 필수 재료로, 미세한 황금색과 얼얼한 맛을 내는 데 기여한다. 다행히도 사프란은 소량으로도 큰 효과가 있다. 충분한 맛을 우려내기 위하여 사용 전에 30분 동안 소량의 끓는 물에 스며 나오게 하여 액체와 줄기를 함께 요리에 넣는다.

  #요리　생선류, 조개수프, 부야베스bouillabaisse(해물수프), 스페인 요리인 파엘라paella, 소스 등

- 세이지sage : 맛이 좋은 민트과의 향신료로 방부, 항균, 항염 등 살균·소독작용이 있어 각종 염증에 소염제로 뛰어나다.

  #요리　육류, 생선류의 냄새를 없애 주며 소시지, 송아지와 돼지고기 요리에 쓰인다.

- 타라곤tarragon : 향기가 많은 식물로 신선한 상태, 말린 상태, 가루 상태로 사용하며, 달콤한 방향과 쓴맛을 함께 가진 독특한 향미를 지닌다. 프렌치 타라곤과 러시

아 타라곤이 있는데 요리에 이용되는 것은 주로 프렌치 타라곤이며, 프랑스에서는 에스트라곤estragon이라 부른다.

#요리 타르타르소스, 베어네즈소스(홀랜다이즈소스에 타라곤 첨가), 가금류, 어패류, 허브식초

- 타임thyme : 프랑스 요리를 비롯한 서양요리에 많이 사용되는 다년생 허브로 지중해 지역에서 난다. 육류나 어패류의 냄새를 없애는 데 사용하며, 짜릿한 자극이 있는 강한 향미는 요리에 깊은 맛을 주어, 유럽 요리에는 꼭 필요한 허브이다.

#요리 대부분의 재료와 잘 어울리며 채소·육류·어패류·달걀 요리, 수프, 스튜, 샐러드에 사용된다.

(2) 요리에 주로 사용되는 스파이스

- 올스파이스allspice : 세 종류의 향미, 즉 클로브정향, 너트멕(육두구), 시나몬(계피)을 지니고 있어 '올스파이스'라고 한다. 후추와 같은 매운맛은 없으나, 상쾌하고 달콤하면서 쌉쌀한 맛이 난다. 보통 통 올스파이스와 으깬 올스파이스의 두 가지 형태이다.

#요리 소시지, 생선 요리, 피클, 렐리시relish 등

- 아니스anise : 파슬리과의 일종이며, 종자에는 '아네톨anethole'이라고 하는 달고 강한 향을 가진 기름이 있어 생선, 닭, 크림수프 등에 이용한다. 남동부 아시아 요리에서 중요한 역할을 하며, 중식에서는 스타 아니스star anise를 많이 사용한다.

#요리 생선·닭 요리, 크림수프, 소스, 육수, 치즈를 사용한 요리, 케이크, 비스킷 등

- 캐러웨이 시드caraway seed : 빵이나 케이크, 과자를 만들 때 넣으면 향긋한 냄새가 나 훨씬 맛이 좋아진다. 비스킷, 사과, 배 등의 과일을 굽거나 시럽으로 삶을 때 향미를 내기 위해 사용하면 상쾌한 향미가 단맛과 잘 조화된다.

#요리 수프, 채소 요리, 빵이나 과자 외의 채소(감자·호박·시금치·당근·콩·양파 등) 요리, 시럽 조림, 수프, 화이트소스 등

- 카다몸cardamom : 생강과 비슷한 식물의 열매로 통으로 사용하거나 가루로 만들어 사용한다. 코를 찌르는 따뜻하고 매콤달콤한 맛을 가진다.

#요리 스튜, 카레, 육류·가금류·생선 요리, 샐러드, 당근·호박·파스타 요리

- 카옌 페퍼cayenne pepper : 대부분의 열대 고추로부터 만들어지며, 맛이 맵고 얼얼하다. 식욕 촉진, 위액분비 촉진, 신진대사 증가작용의 효과가 있으며, 레드 페퍼red pepper라고도 한다.

  #요리 대부분의 육류와 가금류·생선·해산물 요리, 머스터드, 살사 등

- 칠리파우더chili powder : 건조된 고추, 마늘, 오레가노, 큐민, 코리앤더, 정향을 섞어 만든 혼합 향신료이다.

  #요리 육류와 가금류·생선 요리, 소시지, 쌀 요리, 칠리소스, 미트소스, 살사, 토마토소스 등

- 시나몬cinnamon 계피 : 열대성 상록수의 안쪽 껍질을 건조시킨 것으로 후추, 정향과 함께 3대 향신료로 불린다. 계피나무 껍질을 그대로 우려서 사용하거나 가루로 사용한다.

  #요리 쇠고기·돼지고기·닭고기 요리, 채소 요리, 단맛이 나는 케이크·빵·쿠키·파이류에 사용하며 한식에서는 주로 수정과, 떡류에 쓰인다.

- 정향cloves : 정향나무의 개화되지 않은 꽃봉오리를 건조시킨 것이다. 달콤하고 짭짤한 음식에 향미를 내는 데 사용한다.

  #요리 양고기·돼지고기 요리, 비프스튜, 피클, 햄 요리 등

- 고수coriander : 남미에서는 지금도 대부분의 요리에 넣고, 인도에서는 카레curry에도 많이 넣어 먹는다. 북유럽에서는 빵 반죽에 넣어 굽거나 피클의 향미를 내는 데 사용하고, 영국에서는 진gin의 향미를 내는 데 쓰인다. 매우 자극적인 향과 맛을 지니고, 동남아 음식에도 사용된다.

  #요리 인도, 멕시코, 극동지방, 카리브 지역의 요리에 사용되며, 육류 요리, 소시지, 카레, 가금류, 파스타에 사용된다.

- 큐민cumin : 향기로운 견과류 같은 맛의 씨는 호박색, 흰색, 검은색의 세 가지 색이 있는데, 호박색이 가장 많이 사용되고 복합적인 후추맛을 가졌다. 카레, 카옌cayenne의 주요 재료로 이용된다.

  #요리 냄새가 강하여 치즈, 사워크라우트, 카레 가루, 카옌 파우더, 수프, 스튜에 사용된다.

- 카레 가루curry powder : 인도가 원산지로서, 전 세계에 널리 보급된 대표적인 혼합 향신료이며, 흔히 사용하는 '카레'라는 말은 '국물'이라는 뜻의 인도 말에서 유래된

것이다. 더위가 심한 인도에서는 발한작용으로 인한 상쾌감을 얻기 위해 매운맛의 향신료를 흔히 사용한다. 배합·제조에는 일정한 기준이 없어 제조자가 재량껏 적당히 배합하는데, 빛깔을 내는 원료에는 터메릭·사프란·진피陳皮 등이 있고, 매운맛을 내는 것에는 후추·고추·생강·겨자가 있다. 그리고 향미를 내는 것에 마근馬芹·회향·정향·육계·계피·너트멕·코리앤더coriander(미나리과의 고수) 등이 있다.

#요리 대부분의 육류 요리와 가금류·어패류 요리, 치즈, 크림소스, 다양한 카레소스

- 생강ginger : 채소로 재배되며, 뿌리줄기는 옆으로 자란다. 다육질이며, 덩어리 모양이고 황색이며 매운맛과 향긋한 냄새가 난다. 생강의 매운맛 성분은 쇼가올shogaol, 진저롤gingerol, 진저론ginerone 등이다.

  #요리 건조 상태의 생강은 수프, 카레, 고기 요리, 쿠키, 음료(진저롤), 주류(맥주), 빵, 소스, 피클 등에 사용하고 신선한 상태는 생강차, 생강주, 절임 등에 사용한다.

- 마늘garlic : 조미료로 빈번히 요리에 사용되는데 약효나 방부작용도 풍부하다. 비타민 A, B, C를 비롯하여 유황, 요오드가 포함되어 있는데 저혈압, 회충, 감기 증상이 있을 때 먹으면 좋다. 또한 동맥경화, 장애에도 좋다. 마늘은 여러 나라의 다양한 요리에 없어서는 안 될 기본 조미료 중 하나이다. 그 강한 향미를 요리에 옮겨 놓을 뿐 아니라, 그 소재가 갖는 맛과 향기가 융합하여 새로운 향미가 우러나오게 한다. 또한 올리브유나 토마토와 함께 지중해 지방의 요리를 특징지어 주며 특히 이탈리아 요리의 향미에 대한 비밀은 마늘과 대량으로 사용하는 파슬리가 기본이다.
- 칼라마타 올리브kalamata olive : 그리스 올리브로 어두운 가지색의 아몬드형이며, 부드러운 육질과 과일향, 진한 올리브 특유의 향이 특징인 고급 품종 중 하나이다.
- 렌틸lentils : 유럽, 중동, 인도에서 많이 먹는 조그마한 짙은 자색 콩으로 수프, 샐러드, 사이드 디쉬에 제공된다.
- 메이스mace : 육류제품 개발 시 가장 알맞은 향신료이다.

  #요리 생선 요리, 소스, 소시지, 피클, 케첩, 파운드케이크, 스위트 반죽, 도넛, 굴소스, 피클 등

- 머스터드mustard : 겨자의 매운맛은 가수 분해에 의하여 생기는 것으로, 따뜻한 물에 녹이면 효소 활성이 강해져 매운맛도 증가한다. 씨는 그대로 소시지, 피클, 인도 요리에 사용되고, 조미된 것은 샌드위치, 샐러드, 스테이크 등에 사용된다. 향이 장

기간 보존되기 어렵다는 것이 단점이다.

#요리 육류 요리, 피클, 양배추, 비트, 소스, 드레싱, 치즈 요리 등

- 너트멕nutmeg, 육두구 : 달고 자극적인 향과 씁쌀한 맛이 있다. 육류 가공품, 생선 요리, 빵, 과자 등을 만들 때 주로 사용하고 이탈리아 요리에서는 대표적인 소스인 베샤멜소스를 만들 때 없어서는 안 될 향신료이다. 열대상록수의 복숭아 비슷한 열매의 씨를 사용하는데, 알맹이로 된 너트멕은 갈아서 사용한다.

#요리 소스, 수프, 닭고기 요리, 샐러드 드레싱과 도넛, 푸딩 등의 단 음식

- 파프리카paprika : 향기가 있는 달콤한 빨간색 고추를 갈아서 만든 가루로 향미는 순한 것부터 톡 쏘고 매운 것까지, 색상은 밝은 오렌지색 및 빨간색부터 짙은 핏빛 빨간색까지 다양하다. 스페인산은 빨간색이고 달콤하며, 헝가리산은 검붉고 얼얼하다.

#요리 헝가리 음식에 많이 사용되며 생선·새우·굴 요리, 수프, 소스, 드레싱에 사용한다.

- 후추pepper : 검은 것과 흰 후추열매는 전 세계적으로 보편적인 조미료이다. 매운맛을 내는 향신료의 대표 격으로 검정 후추가 흰 후추보다 매운맛이 강하다. 고기나 생선의 누린내, 비린내를 없애 주며 미각을 자극해 식욕 증진 효과도 있다. 가루보다 갈지 않은 통후추가 더 매운맛이 난다. 흰 후추는 생선 요리나 하얀색의 요리를 할 때 넣으면 요리가 지저분해 보이지 않아 유용하게 쓸 수 있다. 또한 음식의 사용 용도에 따라 여러 형태로 만들어서 사용한다.
  - 페퍼콘peppercorn : 국물이나 소스를 우릴 때 사용한다.
  - 페퍼콘 크러시peppercorn crush : 페퍼밀pepper mill을 이용, 거칠게 갈아서 먹기 직전의 샐러드나 소스에 사용한다.
  - 페퍼콘 그라운드peppercorn ground : 기본 조미료로 널리 사용된다.
- 터메릭turmeric : 강황, 울금이라고도 하며 약간 쓰고 매운맛이 나고 진한 노란색, 오렌지 빛깔을 띤다. 주로 음식의 향미와 색을 내는 데 쓰이고, 독특한 흙냄새가 나며 가루로 이용된다.

#요리 카레, 수프, 단무지, 프렌치 머스터드의 착색에 이용한다.

- 피클링 스파이스pickling spice : 허브와 스파이스의 혼합물로 피클을 절이는 데 사용된다. 딜의 잎과 씨앗, 코리앤더 씨앗, 시나몬 스틱, 통후추, 월계수잎 등이 포함

된다.

- 솔트salt : 소금은 기본적인 조미료로 간을 맞추는 데 사용되며, 조리용 소금과 식탁염으로 나뉜다. 조리용 소금은 조리할 때 사용되는 재염을 말하며 식탁염은 순도가 높고 분말이 고운 소금으로 식탁에 항상 준비해 두고 각자 간을 맞추어 먹을 때 사용한다.

그림 1-1
향신료의 종류

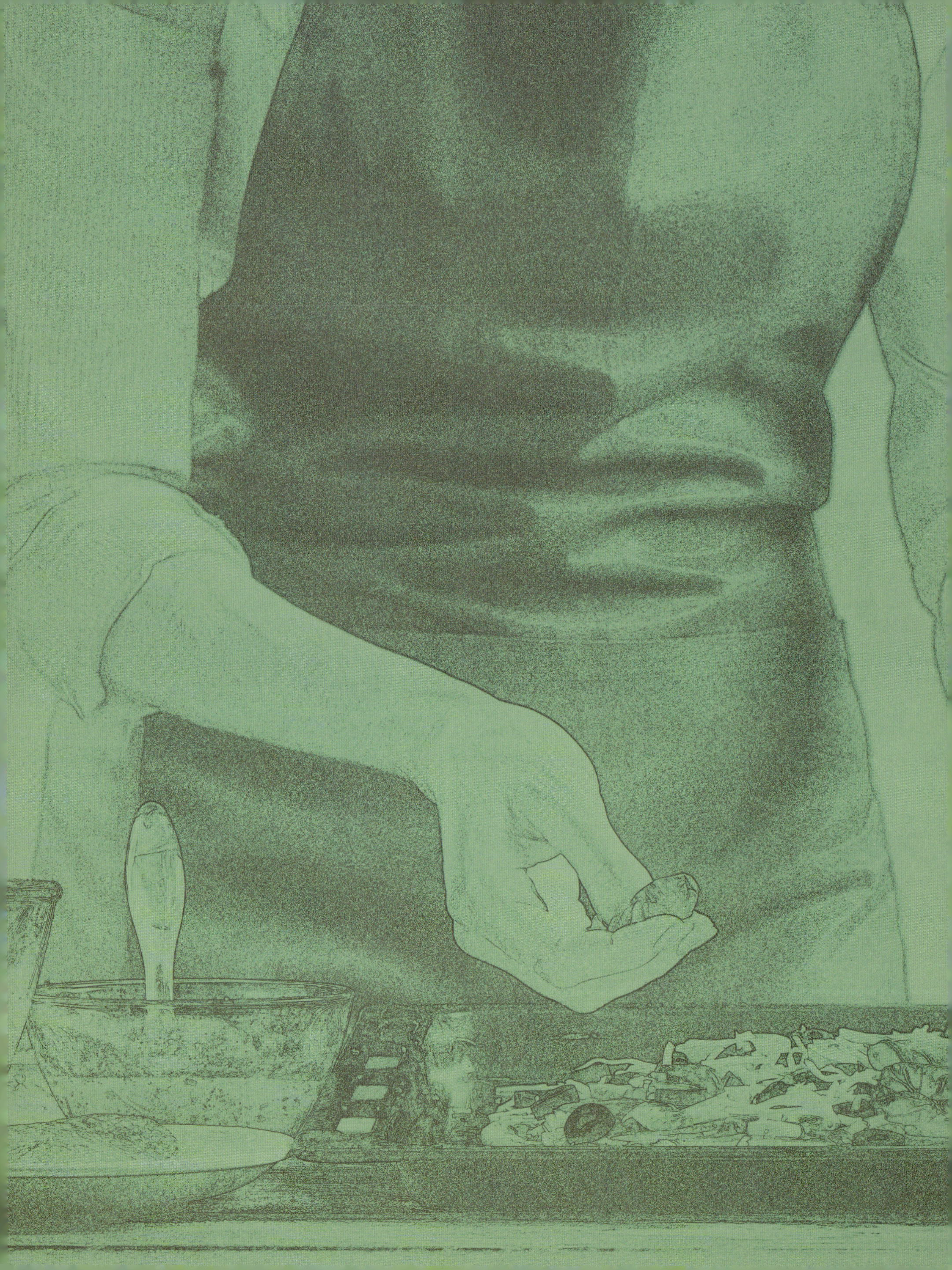

PART II

서양요리의 실제

01

조식의 이해

조식은 보통 6:00~10:30에 제공되는 아침 메뉴로 유래된 지역에 따라 미국식, 유럽식, 영국식, 비엔나식으로 구분된다. 우리나라 호텔에서 제공될 경우에는 주로 샐러드, 달걀 요리에 햄, 베이컨, 소시지와 해시브라운감자hashed brown potatoes가 곁들여지며, 페이스트리pastry와 빵에 마멀레이드marmalade, 버터, 꿀 등이 곁들여지고, 와플waffle과 팬케이크pancake, 프렌치토스트french toast와 메이플시럽maple syrup, 시리얼, 치즈, 과일, 우유, 커피, 홍차가 제공된다.

- 미국식 조식American breakfast : 미국식 조식은 각종 음식이 다채롭게 제공되는 것이 특징이다. 달걀 요리와 주스, 토스트, 햄, 베이컨, 소시지, 프라이드 포테이토, 콘플레이크, 우유 등을 선택해서 먹는 식사이다.
- 유럽식 조식Continental breakfast : 미국식에 비해 간단하게 제공되는 것이 특징이다. 달걀 요리와 곡류가 포함되지 않고 빵과 커피, 우유 정도로 간단히 하는 식사이다. 유럽에서 인기 있는 식사로서 호텔 내에서는 객실 요금에 조식 요금이 포함되어 있다. 주스, 빵, 음료, 커피 등이 주로 제공된다.
- 영국식 조식English breakfast : 영국식 조식은 미국식 조식과 같으나 훈제 요리나 지역에 따라 생선 요리가 추가되는 것이 특징이다.
- 비엔나식 조식Vienna breakfast : 간단한 달걀 요리와 롤빵, 커피나 우유가 제공되는 식사를 말한다.

프라이드 에그

Fried egg with ham bacon sausage and hash brown potato

재료 및 분량
[1인분]

달걀egg 2ea, 식용유salad oil 15mL, 양상추iceberg lettuce 5g, 토마토 웨지tomato wedge 1ea, 파슬리parsley 1ea, 해시브라운감자hash brown potato 1ea, 베이컨bacon 1ea, 아침소시지breakfast sausage 2ea, 슬라이스 햄sliced roll ham 1ea

만드는 방법

1 양상추를 씻는다.
2 베이컨을 2mm 정도 겹치게 접어 오븐에서 굽는다.
3 팬에 식용유를 두르고 소시지를 굽는다.
4 팬에 식용유를 두르고 해시브라운감자를 노릇해질 때까지 튀긴다.
5 달걀 2개를 각각 다른 그릇에 깬 후 한 그릇으로 옮겨 담는다.
6 팬을 달군 후 식용유를 두르고 달걀 2개를 동시에 넣어 밑 부분만 익히고, 노른자는 익히지 않는다.
7 그릇에 프라이드 에그, 해시브라운감자, 토마토 웨지, 베이컨, 소시지, 양상추, 파슬리를 함께 놓는다.

오버이지 Over easy with ham bacon sausage and hash brown potato

재료 및 분량
[1인분]

달걀egg 2ea, 식용유salad oil 15mL, 양상추iceberg lettuce 5g, 토마토 웨지tomato wedge 1ea, 파슬리parsley 1stem, 해시브라운감자hash brown potato 1ea, 베이컨bacon 1ea, 아침소시지breakfast sausage 2ea, 슬라이스 햄sliced roll ham 1ea, 소금과 후춧가루salt & ground pepper 적당량

만드는 방법

1 양상추와 파슬리를 씻는다.
2 베이컨을 2mm 정도 겹치게 접어 오븐에서 굽는다.
3 팬에 식용유를 두르고 소시지와 햄을 굽는다.
4 팬에 기름을 두르고 해시브라운감자를 노릇해질 때까지 튀긴다.
5 달걀 2개를 그릇에 깬다.
6 팬을 달군 후 식용유를 두르고, 달걀을 부어 살짝 익으면 뒤집는다.
7 그릇에 오버이지 에그, 해시브라운감자, 토마토 웨지, 베이컨, 소시지, 양상추, 파슬리를 함께 놓는다.

NOTE

- over easy : 달걀의 앞뒤를 모두 익힌 것으로, 속을 완전히 익히지 않은 것
- over medium : 달걀노른자의 양면을 중간 정도 익힌 것
- over hard : 달걀노른자를 터뜨려 양면을 완전히 익힌 것

스크램블 에그 Screamed egg

재료 및 분량
[1인분]

달걀egg 2ea, 버터butter 15g, 생크림fresh cream 10mL, 양상추iceberg lettuce 5g, 토마토 웨지tomato wedge 1ea, 파슬리parsley 1stem, 해시브라운감자hash brown potato 1ea, 베이컨bacon 1ea, 아침소시지breakfast sausage 2ea, 슬라이스 햄sliced roll ham 1ea, 멜바토스트melba toast 1ea, 소금과 후춧가루salt & ground pepper 적당량

만드는 방법

1 식빵은 가장자리를 잘라내고 노릇하게 구워 준비한다.
2 달걀 2개를 볼에 깨고 거품기로 잘 젓는다.
3 달걀을 체에 걸러 불순물을 제거한 후 생크림을 넣고 잘 혼합한다.
4 팬을 달군 후 버터를 녹인다. 여기에 체에 내린 달걀을 넣고 젓가락으로 저으면서 팬을 앞뒤로 움직이며 스크램블을 완성한다.
5 준비한 토스트 위에 스크램블을 올린다.
6 같은 방법으로 준비한 다른 음식들도 보기 좋게 배열한다.

오믈렛 Omelet

재료 및 분량
[1인분]

달걀egg 3ea, 식용유salad oil 15mL, 양상추iceberg lettuce 5g, 토마토 웨지tomato wedge 1ea, 파슬리parsley 1stem, 해시브라운감자hash brown potato 1ea, 베이컨bacon 1ea, 아침소시지breakfast sausage 2ea

만드는 방법

1 달걀 3개를 볼에 깨고 거품기로 섞는다.
2 달걀을 체에 걸러 불순물을 제거한다.
3 팬을 달구고 기름을 두른 후 팬에 달걀을 붓는다.
4 젓가락으로 젓고 팬을 앞뒤로 움직이면서 스크램블 형태를 만들고, 팬을 앞으로 쏠리게 한 후 팬을 흔들면서 타원형 모양으로 오믈렛을 완성한다.
5 완성한 오믈렛을 접시에 담고 나머지 준비한 음식도 보기 좋게 배열한다.

프렌치토스트

French toast with maple syrup

재료 및 분량 [1인분]

식빵toast bread 2ea, 우유milk 50mL, 달걀egg 1ea, 계핏가루cinnamon powder 5g, 설탕sugar 30g, 딸기fresh strawberry 40g, 바나나banana 50g, 키위kiwi 30g, 블루베리blue berry 20g, 메이플시럽maple syrup 80mL

만드는 방법

1. 토스트 브래드를 1인치(2.54cm)로 잘라 다시 껍질을 자르고 세모 모양 세 쪽을 준비한다.
2. 달걀, 우유, 설탕을 섞은 혼합물에 빵을 넣고 완전히 스며들게 한다.
3. 번철griddele에 올려 앞뒤로 브라운색을 낸 후, 180℃ 오븐에 6분 정도 익힌다.
4. 완성된 토스트 위에 계핏가루와 설탕 섞은 것을 뿌린다.
5. 토스트 옆에 키위와 딸기, 블루베리, 바나나를 잘라서 놓는다.
6. 메이플시럽과 함께 제공한다.

와플 Waffle

재료 및 분량
[22개]

달걀흰자egg white 30ea, 설탕sugar 220g, 소금salt 28g, 달걀노른자egg yolk 30ea, 우유milk 600mL, 박력분soft flour 1kg, 녹인 버터melted butter 480g, 메이플시럽maple syrup 80mL

만드는 방법

1 달걀흰자와 설탕을 이용하여 머랭을 80% 정도 올린다.
2 소금, 달걀노른자, 우유, 버터를 혼합한 후 박력분을 체에 걸러 혼합한다.
3 2에 머랭을 조금씩 넣으면서 혼합하여 반죽을 완성한다.
4 가열된 와플기계에 묽은 반죽batter 180mL를 넣고, 뚜껑을 덮어 3분간 익힌다.
5 메이플시럽과 함께 제공한다.

팬케이크 Pancake

재료 및 분량
[30인분]

설탕sugar 1.2kg, 달걀egg whole 42ea(2,250g), 중력분flour 2.4kg, 소금salt 40g, 베이킹파우더baking powder 160g, 우유milk 1.2L, 바닐라에센스vanilla essence 60g, 녹인 버터melted butter 1kg, 메이플시럽maple syrup 80mL

만드는 방법

1 설탕, 달걀, 우유, 소금을 혼합한다.
2 중력분을 체에 걸러 베이킹파우더와 함께 1에 넣어 혼합한다.
3 녹인 버터를 넣은 후, 바닐라에센스를 넣어 반죽을 완성한다.
4 중간 정도로 가열된 번철에 기름을 바른 후 행주로 깨끗이 닦고, 쿠킹 스푼에 반죽 70~80mL를 떠서 번철 위에 3개를 놓는다(둥근 모양).
5 번철과 접하는 부분이 갈색이 되면 뒤집고, 30초 후 팬케이크가 익으면 접시에 담는다.
6 메이플시럽과 함께 제공한다.

02

스톡과 수프

❶ 스톡

스톡Stock은 뼈를 우려낸 국물로, 조리에 기본이 되는 재료이다. 뼈(송아지뼈·닭뼈·생선뼈), 채소, 향신료를 물에 넣어 약한 불로 끓인 향미 있는 국물로 수프, 소스를 만들 때 가장 기본적으로 필요하다. 색상에 따라 화이트스톡white stock과 브라운스톡brown stock으로 나뉘는데, 화이트스톡은 뜨거운 물에 데치거나veal bone, chicken bone, fish bone 은근히 끓이며, 사용되는 뼈에 따라 송아지스톡veal stock(송아지육수), 치킨스톡chicken stock(닭고기육수), 피시스톡fish stock(생선육수)으로 나누고 수프를 만드는 데 사용한다. 브라운스톡은 오븐이나 팬에서 뼈를 갈색이 나게 구워 사용하며, 뼈의 종류에 따라 브라운 송아지스톡, 브라운 치킨스톡, 피시스톡으로 구분하고,

표 2-1
스톡의 종류

스톡 종류	사용재료	끓이는 시간	비고
빌스톡(veal stock)	송아지뼈, 양파, 셀러리, 당근, 향신료	6~8시간	–
치킨스톡(chicken stock)	닭뼈, 양파, 셀러리	2시간	–
피시스톡(fish stock)	생선뼈, 양파, 셀러리, 레몬, 월계수잎	30분	–
피시푸메(fish fumet)	볶은 생선뼈, 양파, 셀러리, 레몬, 월계수잎	30분	생선뼈를 색상이 나지 않게 볶음
쿠르부용(court bouillon)	각종 채소 조각	끓으면사용	잎은 사용하지 않음

자료 : Brown A.(2008) Understanding food. Thomson Wadsworth. p.119와 Meat Identification & Fabrication courseguide, CIA Courseguide, 2002로 재구성함.

생선소스를 만들거나 맑은 콩소메consomme를 만드는 데 사용한다. 송아지 육수는 양파, 당근, 셀러리를 볶은 미르포아mirepoix를 넣어 육수의 갈색과 향미를 증가시켜

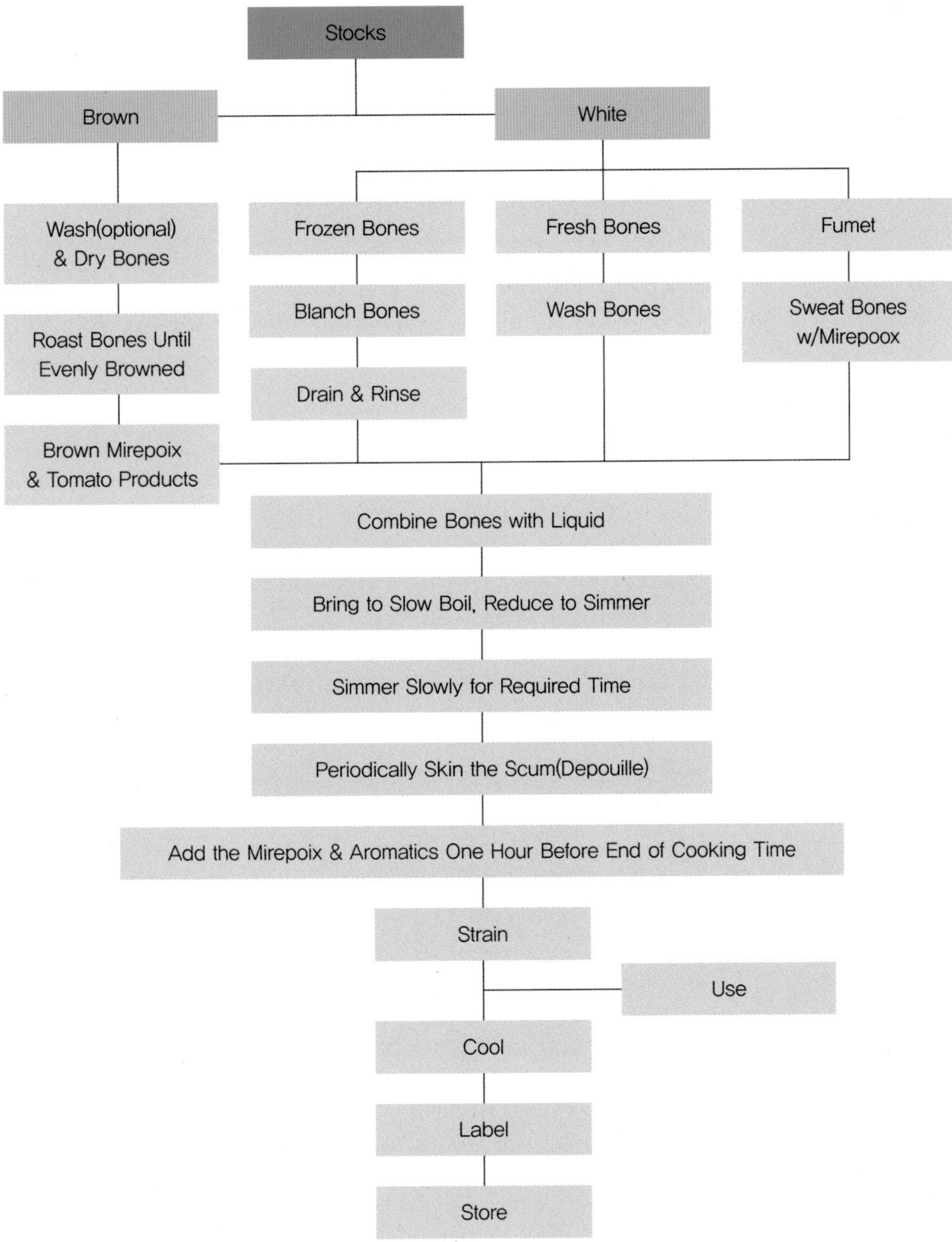

그림 2-1
스톡의 분류 및 제조방법

> **TIP** 해산물(새우, 랍스터 등)은 어떤 육수에 데쳐야 맛이 좋나요?
>
> 쿠르부용(court-bouillon ; sour broth, 신 국물)이라는 육수에 해산물을 딥포우칭하면 해산물의 맛이 더욱 좋아진다. 찬물, 레몬, 소금, 양파, 당근, 타임, 월계수잎, 파슬리 줄기, 흰 통후추를 넣고 끓인 향미 있는 액체를 쿠르부용이라고 한다.
>
> 피시스톡에는 도미, 농어 등 흰색 생선의 뼈를 사용하지만 광어는 특유의 맛과 뼈의 색상 때문에 사용하지 않는다.

준다. 브로스broth(불어로는 '부용bouillon')는 고기와 채소를 넣고 끓인 국물로 수프, 스튜, 브레이징 등에 사용된다.

글라스glace, glaze는 스톡을 시럽 농도로 농축한 것으로 매우 강한 향미를 갖고 있다.

- 글라스 드 비앙드glace de viande : 고기스톡을 1/10로 농축한 것
- 글라스 드 볼라이glace de volaille : 치킨스톡을 1/10로 농축한 것
- 글라스 드 보glace de veau : 빌스톡을 1/10로 농축한 것
- 리물라쥐remouillage : 'a re-wetting'이라고 하는데, 이미 사용된 뼈로 만든 스톡으로 향미가 약하다. 글라스를 만들기 위해 사용된다.

② 수프

'수프soup'란 단어의 어원은 중세 프랑스의 빵에서 시작한다. 그 당시 사람들은 고기국물broth, 와인, 소스 등을 수프라는 빵에 부어 먹었다고 한다. 수프는 육류나 생선 등을 채소와 함께 물이나 스톡에 끓인 국물에 갖은 재료를 넣어 만든 것으로, 코스요리의 전채나 일품요리로서 첫 번째로 사용되거나 샌드위치, 샐러드와 같이 한 끼 식사로 서브된다. 수프의 맛을 결정하는 것은 육수stock라고 할 만큼 기본적인 육수의 품질이 중요하다. 수프는 농도에 따라 맑은 수프clear soup, 걸쭉한 수프thick soup로 나뉘며, 온도에 따라 따뜻한 수프hot soup, 차가운 수프cold soup으로 나뉘고, 각

국의 특색 있는 수프로 나뉜다. 수프의 종류는 다음과 같다.

- 맑은 수프clear soups
- 걸쭉한 수프thick soups
- 찬 수프cold soups
- 내셔널 수프national soup, special soup

(1) 맑은 수프

맑은 수프란 맑게 제공되는 수프로, 종류는 다음과 같다.

- 콩소메consomme : 갈은 고기, 달걀흰자, 미르포아를 이용하여 불순물을 흡수하여 정화시킨 고기 국물로 소고기 콩소메, 치킨 콩소메, 생선 콩소메, 가금류 콩소메poultry consomme 등이 있다.
- 브로스broth : 살코기와 뼈를 함께 우려낸 진한 국물에 채소, 고기 등을 곁들이며, 스코치 보리 수프scotch barley soup, 양고기 브로스lambs broth 등이 있다.
- 맑은 채소 수프clear vegetable soup : 진한 스톡에 채소, 보리 등을 넣고 맑게 끓인 수프로, 미네스트롱minestrone이 여기에 해당한다.

(2) 걸쭉한 수프

걸쭉한 수프의 종류는 다음과 같다.

- 크림수프cream soup : 채소, 루, 우유를 넣고 수프 종류에 따라 시머링으로 끓인 후 생크림을 넣어 완성한 것으로 버터로 몽테monte를 하기도 한다.
- 벨로떼 수프veloute soup : 크림수프에 우유와 생크림을 넣지 않은 수프이다.
- 퓌레 수프puree soup : 채소를 삶아서 블렌더에 곱게 갈은 진한 수프이다. 또한 신선

한 과일(머스크메론, 딸기, 아보가드, 수박 등)에 단맛과 신맛을 곁들여 블렌더에 갈아서 만든다.

- 차우더chowder : 생선, 조갯살, 베이컨, 감자, 채소, 우유를 이용한 크림수프로 크래커cracker를 곁들여 고소한 맛을 내기도 한다.
- 비스크bisque : 새우, 랍스터 등의 갑각류에 채소를 곁들여 만든 부드러운 수프로 쌀, 감자, 밀가루 등으로 농도를 조절하고, 크림을 넣어 완성한다.

ⓔⓧ 새우 비스크shrimp bisque, 바닷가재 비스크lobster bisque

(3) 찬 수프

찬 수프란 차게 제공하는 수프이다.

ⓔⓧ 과일 수프, 차가운 콩소메, 가츠파초gazpacho(채소, 토마토, 마늘로 만든 수프), 비시스와즈vichyssoise(감자와 우유, 크림 첨가)

※ 비시스와즈 수프를 가열하여 뜨겁게 제공하면 감자 크림수프cream of potato soup와 같은 형태가 된다.

(4) 내셔널 수프(스페셜 수프)

내셔널 수프(스페셜 수프)란 각 나라별·지역별로 특색 있게 발전된 수프를 말한다.

ⓔⓧ 이탈리아의 미네스트롱minestrone, 인도의 멀리거토니mulligatawny 수프, 프랑스의 브야베이즈bouillabaisse, 헝가리의 굴라시goulash, 스페인의 가츠파초, 미국 동부의 맨하튼 차우더 수프chowder soup, 미국 남부의 검보 수프gumbo soup

TIP 요리에서 'game'과 'poultry'란 무슨 뜻인가요?

- 'game animal'에는 식용으로 먹을 수 있는 야생동물인 버팔로, 토끼 등이 해당되고, 'game bird'는 야생조류로 칠면조, 거위, 꿩, 비둘기, 메추리 등이 해당된다.
- 'poultry'에는 취식을 목적으로 사육한 칠면조, 거위, 꿩, 비둘기, 메추리 등이 해당된다.

치킨스톡

Chicken stock

재료 및 분량 [10L]

닭뼈chicken bone and trimming 10kg, 셀러리 celery 0.5kg, 양파peeled halved onion 1kg, 흰 통후추white peppercorns 30g, 정향clove 2g, 월계수잎bay leaves 1ea, 타임thyme 1g, 물water 20L

만드는 방법

1 닭뼈는 끓는 물에 넣고 데친 후blanch 흐르는 물에서 불순물을 씻어낸다.
2 폭이 좁고 깊은 스톡 냄비stock pot에 찬물과 데친 닭뼈를 넣고 끓인다.
3 거품을 제거skim한 후 불을 줄여 시머링 상태에서 채소와 허브(향신료주머니)를 넣고 2시간 동안 끓인다.
4 면포로 걸러서 식히고, 표면의 기름을 제거한 후 냉장 보관한다.

1 재료 준비
2 거품 제거
3 향신료주머니 넣기
4 면포로 걸러 식히기

NOTE

• 끓이는 중에 물이 졸아서 다시 물을 채우면 육수가 뽀얗게 변하므로, 처음부터 높은 스톡 냄비를 선택하여야 한다.

빌스톡 Veal stock

재료 및 분량 [10L]

송아지뼈veal bones 10kg, 양파onion 1kg, 당근carrot 500g, 셀러리celery 500g, 양송이버섯champignon stems and off cuts 300g, 물water 30L, 월계수잎bay leaves 1g, 흰 통후추white peppercorns 20g, 로즈마리rosemary 4g, 타임thyme 3g, 마조람marjoram 3g, 소금salts 20g

만드는 방법

1 송아지뼈는 끓는 물에 넣고 데친 후 흐르는 물로 불순물을 씻어낸다.
2 폭이 좁고 깊은 스톡 냄비에 찬물과 데친 송아지뼈를 넣고 끓인다.
3 거품을 제거한 후 불을 줄여 시머링 상태에서 채소와 허브를 넣고 6~8시간 동안 끓인다.
4 면포로 걸러서 식히고, 표면의 기름을 제거한 후 냉장보관한다.

NOTE **송아지뼈와 소뼈**

• 육수를 만들 때 소뼈를 사용하면 뼈에 축적된 탄소 성분이 용출되어 쓴맛이 우러나기 때문에 송아지뼈로 육수를 만든다. 송아지뼈가 없으면 뼈의 중앙이 검지 않은 사골뼈로 대체하는데 93℃의 온도로 은근히 끓이면 맑은 육수를 얻을 수 있다.

브라운빌스톡 Brown veal stock

재료 및 분량 [10L]

송아지뼈veal bones chopped 10kg, 버터butter 50g, 양파onion 1kg, 당근carrot 500g, 셀러리celery 500g, 양송이버섯champignon stems and off cuts 300g, 토마토tomatoes 300g, 물water 30L, 적포도주red wine 1L, 소금salts 20g, 타임thyme 3g, 로즈마리rosemary 3g, 마조람marjoram 3g, 월계수잎bay leaves 1g, 검은 통후추black peppercorns 20g

만드는 방법

1 잘게 자른 송아지뼈를 170℃로 예열된 오븐에서 뒤집어 가면서 2시간 동안 갈색으로 굽는다.
2 가열된 팬에 버터를 녹이고 양파, 당근, 셀러리, 양송이버섯, 토마토를 갈색으로 볶는다.
3 폭이 좁고 깊은 스톡 냄비에 찬물과 구운 송아지뼈, 볶은 채소, 허브, 물을 넣고 끓이다가 끓어오르면 거품을 제거한 후 불을 줄여 시머링 상태에서 채소와 허브를 넣고 6~8시간 동안 끓인다.
4 면포로 걸러서 식히고, 표면의 기름을 제거한 후 냉장보관한다.

NOTE

• 완성된 브라운빌스톡은 콩소메(consomme) 제조에 사용한다.

피시스톡 Fish stock

재료 및 분량 [10L]

생선뼈white fish bones and head 5kg, 양파onion 1kg, 셀러리celery 500g, 레몬fresh lemon 3pcs, 소금salt 20g, 흰 통후추white peppercorns 20g, 월계수잎bay leaves 1ea, 물water 12L, 딜 줄기dill stem 50g, 파슬리 줄기parsley stem 50g, 양송이버섯champignon trimming 100g

만드는 방법

1 생선뼈는 피와 불순물을 제거하고 깨끗이 씻는다.
2 씻은 생선뼈와 모든 재료를 스톡 냄비에 넣고 끓이다가 끓어오르면 불순물을 제거한 후 시머링으로 30분간 끓인다.
3 면포로 걸러서 식힌다.

NOTE

- 피시스톡은 오래 끓이면 비린 맛이 난다.

피시푸메 Fish fumet

재료 및 분량 [10L]

생선뼈white fish bones and head 5kg, 버터butter 50g, 양파sliced onion 1kg, 셀러리sliced celery 500g, 레몬fresh lemon 3pcs, 소금salt 20g, 흰 통후추white peppercorns 20g, 월계수잎bay leaves 1g, 물water 12L, 딜 줄기dill stem 50g, 파슬리 줄기parsley stem 50g, 양송이버섯champignon trimming 100g

만드는 방법

1 생선뼈는 피와 불순물을 제거하고 깨끗이 씻어서 물기를 제거한다.
2 약한 불에 팬을 가열하고 버터를 넣고 녹이다가 생선뼈, 양파, 셀러리, 양송이버섯을 넣고 색상이 나지 않게 볶는다sweating. 나머지 재료와 물을 넣고 끓이다가 끓어오르면 불순물을 제거하고 시머링으로 30분간 끓인다.
3 면포로 걸러서 식힌다.

쿠르부용 Court bouillion

재료 및 분량 [6L]

대파white leek 1kg, 당근carrot 1kg, 양파onion 1kg, 샬롯shallot 50g, 타임fresh thyme 5g, 셀러리celery 500g, 마디호박zucchini 500g, 물water 6L

만드는 방법

1 냄비에 물 6L와 모든 재료를 넣고 끓이다가 끓어오르면 시머링으로 10분간 더 끓인다.
2 면포 혹은 고운 체에 걸러 식힌다.

콩소메
Beef consommé

재료 및 분량
[10L(약 50인분)]

거칠게 간 쇠고기fatless beef 'roughly ground'–end cuts & side muscles 2kg, 거칠게 간 양파onion roughly ground 500g, 거칠게 간 당근carrot roughly ground 250g, 거칠게 간 셀러리celery roughly ground 250g, 버섯 줄기mushroom stem 300g, 달걀흰자egg white 15ea, 반으로 썰은 양파onions unpeeled(cut in halves and blacken on the stove) 200g, 소금salt 20g, 월계수잎bay leaves 1ea, 로즈마리rosemary 2g, 타임thyme 2g, 토마토tomato 300g, 각얼음ice cube 2kg, 브라운빌스톡brown veal stock 10L

1 
2 
3 
4 

1 재료 준비
2 재료 혼합
3 시머링(도넛 모양 형성)
4 면포로 거르기

만드는 방법

1 껍질을 제거하지 않은 양파를 반으로 썰어서 뜨겁게 가열한 팬에 넣고 양면을 숯처럼 태운다(30분 소요).
2 믹싱 볼에서 쇠고기, 양파, 당근, 셀러리, 버섯 줄기, 달걀흰자, 소금, 월계수잎, 로즈마리, 타임, 토마토를 혼합하고 치댄다.
3 폭이 좁고 깊은 스톡 냄비에 고기 혼합물과 각얼음, 브라운빌스톡을 넣고, 스토브stove 위에 올려 쉬지 않고 나무주걱이나 거품기whip로 계속 휘저어 준다.
4 냄비에서 거품이 피어오르고 90~93℃ 정도가 되면, 불을 완전히 줄여(꺼지지 않을 정도) 6~10분간 휴식시간rest time을 둔다(정제되기 시작함).
5 냄비의 바닥에 붙은 내용물을 주걱으로 저어 주고, 중불로 올려서 콩소메 내용물이 떠올라 크러스트crust가 형성되고 구멍이 생겨 은근히 끓기 시작하면 태운 양파와 토마토를 넣고 시머링으로 2시간 동안 끓인다.
6 불을 끄고 콩소메 크러스트가 가라앉으면 면포로 거른다(크러스트가 깨지면 뿌옇게 변하므로 주의함).
7 흐르는 물이나 얼음물에서 빨리 식히고, 기름을 걷어낸 후 냉장보관한다.

NOTE

- 콩소메를 만들 때 각얼음을 사용하는 이유는 차게 작업을 하면 온도가 높은 것보다 맑게 만들 수 있고, 진한 육수(bouilon)를 맑게 정제하는 것이므로 조리 시 졸아들어 너무 진하게 되는 것이 방지된다.

콩소메 크러스트와 육수

구분	크러스트	육수	끓이는 시간	주의사항
비프 콩소메	쇠고기	송아지 육수	2시간	–
가금류 콩소메	닭고기	가금류 육수	2시간	–
피시 콩소세	닭고기	피시푸메	30분	비린내
어패류 콩소메	닭고기	갑각류 육수	30분	–

램브로스 Lamb broth

재료 및 분량
[1.8L(약 10인분)]

당근brunoise carrots 120g, 무brunoise turnips 120g, 대파brunoise leeks 150g, 셀러리brunoise celery 60g, 버터butter 60g, 쇠고기 콩소메beef consomme 1L, 양고기 스톡lamb stock 1L, 양고기brunoise lamb meat 300g, 보리쌀barley corn 100g, 로즈마리chop rosemary 1g, 월계수잎bay leaves 1ea, 파슬리찹chopped parsley 1g

만드는 방법

1 보리쌀을 깨끗이 씻어 물에 30분간 불린 후 삶는다.
2 중불에 팬을 가열하고 버터를 녹인 후 양고기, 당근, 셀러리, 대파를 넣고 색이 나지 않게 5분간 볶는다. 쇠고기 콩소메와 양고기 스톡을 넣고 끓이다가 끓기 시작하면 불순물을 제거하고 무, 로즈마리, 월계수잎을 넣은 후 20분간 더 끓인다.
3 소금과 후춧가루로 양념을 하고 삶은 보리쌀을 넣는다. 끓기 시작하면 파슬리를 넣어 수프를 완성한다.

플로렌스 스타일의

미네스트롱 수프 Minestrone soup

재료 및 분량
[2L(10인분)]

당근paysenne carrot 70g, 셀러리paysenne celery 70g, 마디호박paysenne zucchini 70g, 대파paysenne leek 70g, 양파찹chopped onion 70g, 마늘찹chopped garlic 40g, 베이컨diced bacon 100g, 치킨스톡chicken stock 2L, 토마토 콩카세tomato concasse 200g, 감자paysenne potato 200g, 강낭콩white kidney bean 80g, 완두콩green peas 80g, 콜리플라워cauliflower 80g, 브로콜리broccoli 80g, 바질잎basil leaf 20g, 파마산치즈grated parmesan cheese 50g, 소금과 후춧가루salt & ground pepper 적당량

만드는 방법

1 강낭콩과 완두콩은 소금을 넣은 물에 5~7분간 삶아서 식혀 둔다.
2 차가운 팬에 베이컨을 넣고 가열하여 기름이 추출되면 양파, 마늘을 넣고 투명해질 때까지 볶는다.
3 당근, 셀러리, 마디호박, 대파를 넣고 볶다가 육수와 감자를 넣고 약 10분간 끓인다.
4 감자가 익으면 삶아 둔 강낭콩과 완두콩, 콜리플라워, 브로콜리를 넣고 한 번 끓인 후 소금과 후춧가루로 간을 하고 파마산치즈와 바질잎으로 장식한다.

NOTE

- 베이컨을 차가운 팬에 넣고 열을 가하면 뜨거운 팬에 넣을 때보다 수축이 심하지 않고 팬에 눌어붙지 않는다.

프렌치 어니언 수프 French onion soup

재료 및 분량
[10L]

올리브유olive oil 200mL, 양파peeled washed onions 10kg, 쇠고기 콩소메beef consomme 6L, 육수bouillon 6L, 마늘찹chopped garlic 50g, 타임찹chopped thyme 5g, 바질찹chopped basil 5g, 월계수잎bay leaves 3ea, 백포도주white wine 500mL, 브랜디brandy 120mL, 소금과 후춧가루salt & ground pepper 적당량, 너트멕nutmeg 소량, 3mm 두께의 프렌치 바게트 3mm thin sliced french bread 50ea, 에멘탈치즈grated emmental cheese 500g

만드는 방법

1. 양파는 5~6cm 길이, 0.8mm 두께로 슬라이스한다.
2. 중간 불 스토브에 팬을 올려 양파, 마늘을 넣고 골고루 저으면서 양파가 진한 갈색의 페이스트paste가 되도록 1~2시간 정도 볶는다.
3. 2에 백포도주를 넣고 졸인다deglaze.
4. 쇠고기 콩소메, 육수와 허브를 넣고 50분간 은근히 끓인다.
5. 소금과 후춧가루로 양념을 하고, 브랜디로 마무리한다.
6. 버터, 마늘, 파슬리를 혼합하여 바게트에 바르고, 200℃ 오븐에서 2~3분간 갈색으로 굽는다.
7. 6의 바게트에 에멘탈치즈를 올린 후 오븐 혹은 살라맨더에서 구워 치즈가 녹으면 어니언 수프 크루통이 완성되는데, 이것을 어니언 수프의 가니쉬로 제공한다.

NOTE

- 양파를 볶을 때 팬의 가장자리에 있는 작은 조각들이 검게 타기 때문에 팬의 바닥을 충분히 덮을 수 있는 것으로 나누어서 넣고 볶는 과정에서 양이 줄어들어 바닥이 보이게 되면 표면적이 작은 팬으로 옮겨 볶는다. 또한 팬 바닥과 잘 밀착되는 나무주걱을 사용하여 팬 바닥에 양파가 눌어붙지 않도록 한다. 그리고 볶아진 양파를 다시 끓이면 처음 썰은 크기와 같은 모양이 된다.

해산물 수프

Seafood soup

재료 및 분량 [10인분]

버터butter 120g, 셀러리diced celery 400g, 양파찹chopped onion 90g, 청피망찹chopped green pimento 80g, 마늘찹chopped garlic 4g, 치킨스톡chicken stock 1.5L, 토마토 콩카세tomato concasse 500g, 파슬리찹chopped parsley 적당량, 소금과 후춧가루salt & ground pepper 적당량, 새우cleaned small shrimp 400g, 게살crab meat 200g, 굴oyster 20ea, 홍합mussel 20ea, 레몬즙fresh lemon juice 20mL, 우스터소스Worcestershire sauce 2mL, 타바스코few drop Tabasco 소량, 월계수잎bay leaves 1spring, 타임thyme 1stem

만드는 방법

1. 팬에 버터를 넣고 녹이다가 홍합, 양파, 마늘, 셀러리, 피망을 색깔이 나지 않게 볶고 치킨스톡, 토마토 콩카세, 월계수잎, 타임을 넣어 5분간 끓인다.
2. 새우, 게살, 굴을 넣고 다시 한 번 끓으면 소금, 후춧가루, 레몬즙, 우스터소스, 타바스코로 양념한다.
3. 수프를 담고 파슬리를 곁들인다.

1

2

3

1 재료 준비
2 소테
3 시머링

버섯 크림수프

Cream of champignon mushroom soup

재료 및 분량 [10L(약 50인분)]

버터butter 300g, 밀가루flour 300g, 표고버섯pyogo mushroom 1.5kg, 양송이버섯champignon mushroom 1.5kg, 양파찹chopped onion 300g, 마늘찹chopped garlic 50g, 치킨스톡chicken stock 5L, 우유milk 5L, 타임chopped thyme 2g, 마조람marjoram 2g, 월계수잎bay leaves 2ea, 생크림fresh cream 1L, 소금과 후춧가루salt & ground pepper 적당량, 너트멕nutmg 소량, 크루통bread crouton 50g

만드는 방법

1 버섯은 깨끗한 면포로 문질러 먼지를 제거한다. 지저분하면 물에 한 번 씻는다.
2 팬에 버터를 녹인 후 양파, 마늘, 버섯을 넣어 볶고 물기가 없어지면 밀가루를 넣어 1~2분간 더 볶는다.
3 2를 냄비에 옮기고, 치킨스톡과 우유를 넣고 끓이다가 끓기 시작하면 타임, 마조람, 월계수잎, 너트멕을 넣고 시머링으로 30분간 끓이고, 블렌더로 곱게 갈아 체로 거른다.
4 생크림, 소금, 후춧가루를 넣고 완성한다.
5 크루통을 띄워서 제공한다.

아스파라거스 크림수프 Cream of asparagus soup

재료 및 분량
[1L(5인분)]

버터butter 80g, 밀가루flour 80g, 아스파라거스green asparagus 400g, 치킨스톡chicken stock 1L, 우유milk 200mL, 생크림fresh cream 100mL, 처빌chervil 5g, 소금과 후춧가루salt & ground pepper 적당량, 시금치fresh spinach leaves 100g, 모렐버섯soaked & sliced morel mushroom 50g, 설탕sugar 적당량, 레몬즙fresh lemon juice 적당량, 차이브chive 2g

만드는 방법

1. 아스파라거스를 한입에 먹을 수 있는 크기로 자른다. 이때 뿌리의 일부만 사용하고, 억센 부분은 사용하지 않는다.
2. 팬에 버터를 녹이고 아스파라거스를 볶다가 밀가루를 넣고 1분간 더 볶는다.
3. 치킨스톡, 우유를 넣고 30분간 시머링으로 끓이고, 시금치를 넣고 1분간 더 끓인 후 블렌더로 갈아서 체에 거른다.
4. 생크림을 넣고 설탕, 레몬즙, 소금과 후춧가루로 간을 한 후 모렐버섯과 차이브를 가니쉬로 곁들인다.

감자 크림수프 Potato cream soup

재료 및 분량
[1.5L(7인분)]

버터butter 30g, 베이컨bacon 200g, 양파sliced onion 50g, 대파sliced leek-white 500g, 감자sliced potato 500g, 월계수잎bay leaf 1ea, 치킨스톡chicken stock 500mL, 우유milk 500mL, 생크림fresh cream 300mL, 차이브찹chopped chives 2g, 크루통bread crouton 50g

만드는 방법

1. 차가운 팬에 베이컨을 넣고 볶다가 기름이 추출되면 버터, 양파, 대파를 넣고 색깔이 나지 않게 볶는다.
2. 치킨스톡, 우유, 감자, 월계수잎을 넣고 시머링으로 30분간 끓인 후 생크림을 넣고 블렌더로 갈아서 체에 거른다.
3. 차이브와 크루통을 가니쉬로 곁들인다.

클램차우더 수프 Clam chowder

재료 및 분량
[2L(10인분)]

버터butter 50g, 밀가루flour 50g, 마늘찹chopped garlic 20g, 양파small diced onion 50g, 셀러리small diced celery 50g, 청피망small diced green pimento 30g, 홍피망small diced red pimento 30g, 대파small diced leek 50g, 토마토 콩카세tomato concasse 50g, 클램스톡clam stock 500mL, 피시스톡fish stock 500mL, 우유milk 1L, 감자small diced potato 300g, 생크림fresh cream 500mL, 월계수잎bay leaves 2ea, 조갯살cooked clam meat 50g, 딜찹chopped dill 3g, 차이브찹chopped chive 30g, 크래커cracker 300g, 소금과 후춧가루salt & ground pepper 적당량

만드는 방법

1 크래커는 손으로 거칠게 부수어 우유에 10분 정도 담가둔다.
2 자루냄비에 버터를 녹인 후 양파, 마늘, 셀러리, 피망, 대파를 색이 나지 않게 2~3분간 볶고, 밀가루를 넣어 1~2분간 더 볶는다.
3 차가운 클램스톡, 피시스톡, 우유에 담근 크래커를 동시에 넣고 끓을 때까지 거품기로 계속 저어 루roux를 푼다.
4 월계수잎을 넣고 10분간 끓인 후 감자를 넣고 다시 10분간 끓여 감자가 익으면 생크림을 넣고 소금과 후춧가루로 간을 한다.
5 삶은 조갯살, 딜과 차이브를 곁들여 제공한다.

렌틸 수프

Lentil soup

재료 및 분량
[3L(15인분)]

렌틸 콩dried lentil-soak in cold water 450g, 버터butter 20g, 양파찹chopped onion 100g, 마늘찹chopped garlic 20g, 훈제돼지뼈smoked pork bone 500g, 셀러리brunoise celery 100g, 대파brunoise leek 100g, 프랑크푸르트 소시지sliced frankfurter sausage 150g, 감자small diced potatoes 100g, 마조람majoram 1g, 타임thyme 1g, 소금과 후춧가루salt & ground pepper 적당량

만드는 방법

1 렌틸 콩은 하루 동안 찬물에 담가 불린 후 체에 받친다.
2 훈제한 돼지뼈에 물 5L를 붓고 1시간 정도 끓여 훈제돼지 스톡을 만든다.
3 팬에 버터를 넣고 녹이다가 양파, 마늘, 셀러리, 대파, 물에 불린 렌틸 콩을 넣고 3~4분간 더 볶는다.
4 훈제돼지 스톡, 마조람, 타임을 넣고 시머링으로 10분간 삶은 후 감자를 넣고 추가로 10분간 더 삶는다.
5 블렌더에 4에서 완성한 렌틸 콩 수프 반을 넣고 곱게 갈아서 갈지 않은 수프와 혼합한다.
6 프랑크푸르트 소시지를 가니쉬로 넣고, 소금과 후춧가루로 간을 한다.

토마토 가츠파초

Tomato gazpacho

재료 및 분량
[약 10인분]

토마토tomato 1.25kg, 오이peeled cucumber 200g, 양파onion 150g, 청피망green pimento 100g, 마늘찹chopped garlic 1clove, 토스트 브레드toast bread 1slice, 큐민cumin 0.5g, 올리브유olive oil 20mL, 토마토주스tomato juice 400mL, 레몬즙fresh lemon juice 20mL, 소금과 후춧가루salt & ground pepper 적당량, 카엔 페퍼cayenne pepper 0.5g, 타바스코few drops Tabasco 소량

만드는 방법

1 토마토를 끓는 물에 데쳐서blanching 껍질과 씨를 제거한다.
2 오이의 껍질과 씨를 제거한다.
3 식빵의 딱딱한 껍질을 제거한다.
4 믹싱 볼에 토마토, 오이, 청피망, 식빵, 마늘, 큐민, 올리브유, 토마토주스, 레몬즙, 소금과 후춧가루를 넣고 혼합하여 30분간 절인다marinade.
5 4를 블렌더에 곱게 갈아서 소금, 후춧가루, 카엔 페퍼로 양념한다.
6 오이와 피망으로 가니쉬를 곁들여 차갑게 제공한다.

1

1 재료 준비
2 랍스터 굽기
3 미르포아와 토마토 페이스트 볶기
4 구운 랍스터 부순 후 냄비에 넣기
5 육수 넣고 시머링
6 랍스터 건지기
7 뜰체로 건지기
8 갈기
9 거르기

2

3

4

5

6

7

8

9

랍스터 비스크 Labster bisque

재료 및 분량
[10L(50인분)]

바닷가재 껍데기lobster shell crushed 5kg, 미르포아mire poix 2kg, 식용유vegetable oil 100g, 감자diced potatoes 1kg, 바닷가재 살diced lobster 500g, 쌀rice 300g, 타임thyme 10g, 바질basil 10g, 월계수잎bay leaves 3ea, 타라곤tarragon 20g, 카라웨이 씨caraway seed 5g, 마늘찹chopped garlic 10g, 피시스톡fish stock 3L, 쇠고기 콩소메beef consomme 6L, 버터butter 500g, 토마토 페이스트tomato paste 100g, 소금과 후춧가루salt & ground pepper 적당량, 카엔 페퍼cayenne pepper 적당량, 브랜디brandy 250mL, 꽃게crab 5kg

만드는 방법

1 쌀을 씻어서 30분간 불린 후 물기를 제거하고 갈색으로 볶는다.
2 바닷가재 껍데기와 꽃게는 믹서mixer로 잘게 부수어 150℃ 오븐에서 1시간 동안 갈색으로 굽는다.
3 브레이징 팬에 버터를 녹이고 미르포아, 마늘, 바닷가재 살을 넣고 갈색으로 볶은 후 토마토 페이스트를 넣고 7~8분간 더 볶아 브랜디로 플람베flambe를 한다.
4 스톡 냄비에 볶은 쌀, 구운 바닷가재 껍데기와 꽃게, 볶은 채소, 피시스톡, 콩소메, 허브를 넣어 시머링으로 1시간 동안 끓인다.
5 믹싱 기계에 끓인 비스크 수프를 넣고 비팅beating을 하여 바닷가재 껍데기, 감자, 쌀을 으깬 후 뜰체로 바닷가재 껍데기를 건져낸다.
6 껍데기를 제거한 비스크 수프를 블렌더에 넣고 곱게 갈아서 체에 걸러 완성한다.

NOTE

- 비스크(bisque)는 해산물을 갈아 넣어 크림으로 만든 걸쭉하고 영양가가 높은 수프를 말한다. 랍스터 비스크(lobster bisque)는 랍스터를 사용한 것으로 진한 감칠맛을 내기 위해 꽃게를 사용하며, 소스와 수프를 같이 사용하는데 생크림(fresh cream)을 많이 넣으면 수프로 제공된다.
- 미르포아(mirepoix) : 양파 50%, 당근 25%, 셀러리 25%로 구성된 향미채소

03

소스와 드레싱

❶ 소스

소스sauce는 음식의 맛을 보충하거나 강조하고, 음식의 수분을 유지시키며, 감촉을 더하고, 음식을 더 보기 좋게 해준다. 소스의 종류는 수백 종이 넘으나, 크게 나누면 다섯 개의 그랜드소스grand sauce와 컨템포러리소스(현대식 소스)contemporary sauce로 나눌 수 있다.

(1) 그랜드소스

여러 작은 소스를 준비하는 데 사용되는 기본 소스로 에스파뇰소스(브라운소스), 벨로떼, 베샤멜, 홀랜다이즈, 토마토소스가 있다. 모체소스, 마더소스mather sance라고도 한다.

- 에스파뇰소스espagnole sauce : 갈색
- 벨로떼veloute : 블론드색
- 베샤멜bechamel : 흰색
- 토마토소스tomato sauce : 붉은색
- 홀랜다이즈소스hollandaise sauce : 노란색

에스파뇰소스는 프랑스식 기본 브라운소스로 브라운스톡, 갈색이 나도록 볶은 채소, 토마토, 허브를 함께 은근히 끓여 체에 거르는 과정을 반복하여 만든다. 사용하는 레스토랑의 성격에 따라 브라운 루를 첨가하거나, 전분으로 농도를 조절하거나, 소스를 반으로 졸여 육류 요리에 제공하며, 현대에는 생선 요리에도 제공되고 있다.

에스파뇰소스의 파생소스(24종류)

- 비가라드 오렌지소스bigarade orange sauce : 적포도주, 오렌지주스와 껍질zest, 브라운스톡을 넣어 만든 소스로 새콤달콤한 맛을 내는 브라운 소스이며, 오리 요리에 많이 사용한다.
- 보르드레즈소스bordelaise wine sauce : 데미글라스에 버터, 다진 샬롯, 으깬 통후추, 타임, 월계수잎, 레몬주스, 적포도주을 넣은 소스이다. 데친 본 마로우bone marrow(골수)를 넣기도 한다.
- 브라운 쇼 프로이드소스brown chaud-froid sauce : 데미글라스에 송로버섯 에센스essence를 첨가하여 졸인 후 마데라와인을 넣은 소스이다.
- 샤큐티에르소스charcutiere sauce : 그릴한 고기에 게르킨gherkins 오이 줄리엔을 볶다가 로버트소스를 넣고 약간의 고기 졸인 것을 첨가하여 완성한 소스이다.
- 콜베르소스colbert sauce : 데미글라스에 버터로 볶은 샬롯, 통후추, 적포도주, 다진 파슬리, 레몬주스를 넣은 소스이다.
- 데빌소스deviled sauce : 데미글라스에 백포도주, 샬롯, 통후추, 토마토 퓌레를 넣고 끓인 후 버터, 카옌 페퍼, 허브를 가미한 소스이다.
- 다이안소스diane sauce : 데미글라스에 후추와 생크림을 첨가하여 만든 소스이다.
- 뒤셀소스duxelles sauce, 버섯소스mushroom sauce : 버터에 다진 양파와 버섯을 넣어 볶은 후 와인과 데미글라스를 넣고 완성한 소스이다.
- 그라탱소스gratin sauce : 다진 샬롯을 볶고 생선 육수를 넣어 졸인 후, 브라운소스를 넣어 끓이다가 파슬리 다진 것을 넣어 완성한 소스이다.
- 헌터소스hunter's sauce, chasseur sauce : 백포도주를 졸인 후 데미글라스, 버섯, 토마토를 넣고 버터와 다진 파슬리를 넣어 완성한 소스이다.

- 이탈리안소스Italian sauce : 샬롯, 햄, 버섯을 버터에 볶아 백포도주로 글레이징하고 데미글라스와 토마토소스를 넣고 끓인 후 파슬리와 타라곤을 곁들인 소스이다.
- 마데라소스madeira sauce : 데미글라스에 마데라와인을 넣어 만든 소스이다. 마데라와인madeira wine은 브라운색의 포르투갈 강화와인으로 뚜렷한 향미가 있다.
- 마로우소스marrow sauce : 레드와인소스에 데친 본 마로우, 파슬리와 버터로 마무리한 소스이다.
- 후추소스poivrade sauce : 데미글라스에 적포도주, 으깬 통후추를 넣은 소스이다.
- 트러플소스perigueux sauce : 데미글라스에 마데라 와인, 트러플(송로버섯)을 넣은 소스이다.
- 피큐앙소스piquant sauce : 버터에 양파 다진 것을 볶은 후 식초와 와인, 데미글라스를 넣어 만든 것으로, 사용 시에는 피클을 다져 넣는다.
- 포트와인소스port wine sauce : 데미글라스에 포트와인을 넣어 만든 소스이다.
- 로베르소스robert sauce : 버터와 다진 양파를 볶아 넣고, 백포도주, 식초를 넣어 졸인 후 데미글라스와 겨자를 넣어 만든 소스이다.
- 로벅소스roebuck, venison sauce : 양파, 당근, 셀러리를 볶은 후 데미글라스를 넣어 은근히 졸여 만든 야생 엽조류 소스game sauce이다.
- 살미소스salmi sauce : 버터에 구운 가금류 뼈와 채소를 백포도주와 데미글라스에 넣고 끓인 후 체에 걸러서 만든 소스이다.
- 타라곤소스tarragon sauce : 데미글라스에 백포도주와 타라곤을 넣은 소스이다.
- 토르트소스tortue sauce : 마데라소스에 허브, 토마토소스, 카엔 페퍼를 넣고 끓인 후 소 혀, 피클, 버섯, 올리브, 송아지 퀸넬quenelle을 가니쉬로 곁들인 소스이다.
- 머천트소스wine merchant's sauce : 머천트와인과 샬롯을 졸인 후 데미글라스를 넣은 소스이다.
- 진가라소스zingara sauce : 샬롯과 백포도주를 졸이고 데미글라스와 토마토소스를 넣고 끓인 후 줄리엔으로 썬 소 혀, 송로버섯, 버섯을 곁들인 소스이다.

벨로떼의 파생소스

- 치킨스톡 + 블론드 루 = 치킨 벨로떼
  - 슈프림소스supreme sauce : 생크림, 버터, 레몬주스를 가미한 소스
- 빌스톡 + 블론드 루 = 빌 벨로떼
  - 알망드소스allemande sauce : 달걀노른자를 첨가한 소스
  - 폴레테소스poulette sauce : 양송이 에센스, 레몬주스, 파슬리 다진 것을 넣은 소스
- 피시스톡 + 블론드 루 = 피시 벨로떼
  - 노르망디소스normande sauce : 양송이, 달걀노른자, 생크림을 첨가한 소스
  - 베르시소스bercy sauce : 다진 양파, 버터, 백포도주를 첨가한 소스
  - 카디날소스cardinal sauce : 생크림, 바닷가재, 버터, 트러플 에센스를 첨가한 소스
  - 새우소스shrimp sauce : 피시 벨로떼에 새우 버터를 넣은 소스

베샤멜소스의 파생소스

우유 + 화이트 루 = 베샤멜소스

- 오로라소스aurora sauce : 베샤멜소스에 토마토 퓌레를 첨가하여 완성한 소스
- 모네이소스mornay sauce : 베샤멜소스에 치즈, 크림, 버터를 넣어 완성한 소스
- 크림소스creme sauce : 베샤멜소스에 생크림, 레몬주스를 넣어 완성한 소스
- 낭투아소스nantua sauce : 베샤멜소스에 생크림, 갑각류에서 추출한 버터, 파프리카 파우더를 넣어 완성한 소스

토마소소스의 파생소스

토마토소스tomato sauce는 토마토, 각종 채소와 스톡, 농후제로 만든다.

- 프로방살소스Provencal sauce : 토마토소스에 다진 마늘, 백포도주, 다진 파슬리, 바질을 넣어 완성한 소스
- 이탈리안 미트소스bolognaise sauce : 토마토소스, 마늘, 쇠고기, 당근, 양파, 양송이,

셀러리 등을 넣고 완성한 소스

홀랜다이즈소스의 파생소스

홀랜다이즈소스hollandaise sauce는 으깬 통후추를 넣은 식초 졸인 것reduction과 달걀노른자, 레몬주스, 정제버터를 넣어 만든 전통적인 유화소스이다.

- 베어네즈소스bearnaise sauce : 타라곤 식초, 백포도주, 으깬 통후추를 넣어 졸인 것에 자른 처빌과 타라곤을 넣어 완성한 소스이다.
- 쇼롱소스choron sauce : 홀랜다이즈소스에 타라곤과 토마토 퓌레를 넣어 완성한 소스이다.
- 무슬린소스mousseline sauce : 홀랜다이즈소스에 휘핑한 생크림을 넣은 소스이다.
- 말타이즈소스maltaise sauce : 홀랜다이즈소스에 오렌지주스와 제스트를 첨가한 소스로 아스파라거스에 잘 어울린다.
- 포요트소스foyot sauce : 베어네즈소스에 글라스 드 비앙드를 넣은 소스이다.
- 라첼소스rachel sauce : 베어네즈소스에 토마토 퓌레와 글라스 드 비앙드를 넣은 소스이다.

(2) 현대식 소스

현대식 소스contemporary sauce는 그랜드소스에 비해 최근에 많이 사용되는 비교적 간단한 소스로 쥐리에, 뵈르 블랑, 쿨리스, 컴파운드버터, 렐리쉬, 살사와 컴포트 등 다양하다. 그랜드소스와 비교하였을 때 현대식 소스의 특징은 다음과 같다.

- 준비하는 데 시간이 덜 소요된다.
- 음식의 특성에 맞게 더 잘 조화될 수 있다.
- 그랜드소스에 비해 농도와 색이 옅다.
- 루 대신 졸인 유화제나 전분을 농후제로 사용한다.

- 자연적인 맛이 풍부하게 가미된 소스를 사용한다(예 : 토마토 퓌레).

현대식 소스의 예는 다음과 같다.

- 쥐리에jus lie : 고기 육즙에 전분을 넣어 가볍게 농도를 조절한 소스이다.
- 몽테 어 뵈르monte au beurre(Fr.) : 완성된 소스에 버터를 얹은 것이다.
- 뵈르 블랑beurre blanc(Fr.) : 불어로 흰색 버터white butter소스를 의미한다. 백포도주 졸인 것, 양파, 생크림 졸인 것에 버터를 넣어 만든 유화소스로 허브나 양념을 넣을 수 있다.

TIP 농후제(thickening agents)란 무엇인가요?

1. 1차 농후제

① 루(roux) : 버터와 밀가루를 동량으로 넣어 볶은 혼합물로 액체의 농도를 조절하는 데 사용한다. 루는 조리 정도에 따라 흰색, 아이보리색, 갈색 루가 되며, 각각 용도가 다르다.

- 뜨거운 액체를 차가운 루에 넣거나 그 반대로 해야 한다. 즉, 차가운 액체를 뜨거운 루에 넣어야 덩어리가 쉽게 풀어진다(hot liquid to cool roux or vice versa).
- 루의 색이 짙어질수록 걸쭉해지는 힘은 약해진다(The color darker, the weaker thickening power).
- 제조과정에 비용이 적게 들어 경제적이지만, 버터가 많이 들어가면 쉽게 산화되는 단점이 있다.

② 슬러리(slurry) : '진흙탕'이란 뜻으로 밀가루나 전분을 차가운 액체에 분산시켜 덩어리가 생기지 않도록 잘 혼합한 후, 뜨거운 액체에 넣어 농후제로 사용한다. 옥수수 전분 1큰술 : 물 1컵, 칡전분(arrowroot) 1/2큰술 : 물 1컵을 사용한다.

2. 2차 농후제

① 뵈르 마니에(beurre manie) : 버터와 밀가루를 동량 넣어 반죽한 버터(kneaded butter)로, 그레이비(gravy)와 소스의 농도를 조절한다.

② 리에종(liaison) : 크림과 달걀노른자의 혼합물(3 : 1 비율)로, 소스의 농도를 되게 하고 풍부하게 하는 데 사용된다.

③ 젤라틴(gelatin) : 젤라틴은 분말상, 판상, 입상 등으로 판매되며, 뜨거운 물이나 미지근한 물에 녹으면 졸 상태의 콜로이드 용액이 되고 이것이 식으면서 응고된다. 젤라틴은 응고제나 농후제로서 다른 식품과 같이 사용되어 식감을 좋게 하는데, 주로 족편, 아스픽젤리, 과일젤리, 바바리안크림, 무스 케이크, 저열량 식품 등에 사용된다.

표 2-2
소스의 분류

<table>
<tr><th>cold/hot</th><th colspan="2">기본소스</th><th>재료</th><th>응용소스</th><th>첨가하는 재료</th></tr>
<tr><td rowspan="6">차가운 소스</td><td colspan="2">비네그레트 (vinaigrette)</td><td>식초, 기름, 머스터드</td><td>라비고트 (ravigote)</td><td>양파, 케이퍼, 파슬리, 타라곤, 차이브</td></tr>
<tr><td colspan="2" rowspan="5">마요네즈 (mayonnaise)</td><td rowspan="5">달걀노른자, 기름, 머스터드, 식초</td><td>타르타르 (tartare)</td><td>양파, 오이피클, 완숙달걀, 핀허브(fine herb)</td></tr>
<tr><td>레물라드 (remoulade)</td><td>머스터드, 케이퍼, 오이피클, 허브, 앤초비</td></tr>
<tr><td>칵테일(cocktail)</td><td>케첩, 우스터소스, 타바스코, 코냑</td></tr>
<tr><td>베르트(verte)</td><td>초록잎 채소</td></tr>
<tr style="display:none"></tr>
<tr><td rowspan="11">뜨거운 소스</td><td colspan="2">베샤멜 (bechamel)</td><td>화이트 루, 우유</td><td>모네이(mornay)</td><td>파마산치즈, 그뤼에르치즈</td></tr>
<tr><td rowspan="3">벨로떼 (veloute)</td><td>빌벨로떼</td><td>블론드 루, 화이트 비프스톡</td><td>알망드(allemande)</td><td>으깬 통후추, 너트멕, 레몬즙, 버터, 달걀노른자, 양송이 퀴송(cuisson)</td></tr>
<tr><td>치킨벨로떼</td><td>블론드 루, 화이트 치킨스톡</td><td>슈프림(supreme)</td><td>생크림, 버터</td></tr>
<tr><td>피시벨로떼</td><td>블론드 루, 푸메드 푸아송 (fumet de poisson)</td><td>노르망디 (normande)</td><td>생크림, 난황, 양송이퀴송, 굴 또는 홍합퀴송, 버터</td></tr>
<tr><td colspan="2" rowspan="4">홀랜다이즈 (hollandaise)</td><td rowspan="4">달걀노른자, 정제버터, reduction(물, 백포도주, 샬롯, 페퍼콘, 식초)</td><td>무슬린(mousseline)</td><td>거품기로 친 생크림(whip cream)</td></tr>
<tr><td>베어네즈(bearnaise)</td><td>타라곤 리덕션, 타라곤찹 or 처빌찹</td></tr>
<tr><td>말타이즈(maltaise)</td><td>붉은 오렌지</td></tr>
<tr><td>쇼롱(choron)</td><td>베어네즈, 토마토</td></tr>
<tr><td colspan="2" rowspan="3">토마토(tomato)</td><td rowspan="3">토마토, 치킨스톡, 향미 채소</td><td>미트(meat)</td><td>다진 쇠고기, 다진 돼지고기</td></tr>
<tr><td>포르투기즈 (portugaise)</td><td>양파, 토마토 콩카세, 묽은 토마토소스, 미트 글레이즈, 마늘, 파슬리</td></tr>
<tr><td>프로방살(provencal)</td><td>버섯, 설탕, 마늘, 파슬리</td></tr>
</table>

(계속)

cold/hot	기본소스	재료	응용소스	첨가하는 재료
뜨거운 소스	아메리칸느 (Americaine)	갑각류, 향미 채소, 푸메드 푸아송(fumet de poisson)	–	–
	에스파뇰(espagnole)	채소(mirepoix), 브라운루(brown roux), 브라운빌스톡(brown veal stock), 토마토 페이스트(tomato paste)	–	–
	데미글라스(demi–glace)		보르드레즈 (bordelaise)	적포도주, 샬롯, 소 골수 (home marrow)
			마데르(madere)	마데라와인(madera wine)
			포트(port)	포트와인
			뱅 루즈(vin rouge)	적포도주
			페리구(perigueax)	마데라와인, 송로버섯
	뱅 블랑(vin blanc)	푸메드 푸아송(fumet de poisson), 백포도주, 샬롯, 양송이, 생크림	베르무트(vermouth)	베르무트와인
	뵈르 블랑 (beurre blanc)	버터, 백포도주, 백포도주 식초, 샬롯	뵈르 루즈 (beurre rouge)	적포도주

- 뵈르 누아젯beurre noir(Fr.) : 불어로 '검은 버터black butter'를 의미하며, 버터를 짙은 갈색이나 거의 검은색으로 조리한 것으로 갈색이 된 버터, 식초, 다진 파슬리, 케이퍼를 넣어 소스를 만든다.
- 컴파운드 버터compound butter : 혼합버터로 그릴, 브로일링한 음식에 사용된다. 버터에 허브, 견과류, 제스트, 마늘, 양파, 생강, 채소 등을 넣고 만들 수 있다.
- 쿨리coulis : 홍피망, 브로콜리, 토마토 등 각종 채소를 갈아서 만든 퓌레소스이다.
- 살사salsa : 에스파냐어로 '소스'를 뜻한다. 살사의 재료는 다양하나, 보통 토마토 콩카세tomato concasse, 양파, 고수를 혼합하여 양념하고 볶은 것이다.
- 렐리시relish : 향긋한 피클이나 신선한 생 채소를 주재료로 칵테일 행사에 사용한다.

- 컴포트compote : 신선한 과일이나 말린 과일을 시럽에 넣어 조리한 것을 말한다.

❷ 드레싱

드레싱dressing은 차가운 소스로, 샐러드·채소류·생선 또는 고기를 코팅하거나 그 위에 올리는 데 사용된다. 드레싱을 분류하면 다음과 같다.

- 비네그레트 드레싱oil and vinegar dressing(vinaigrette dressing)
  기름과 식초 드레싱(대부분이 걸쭉하지 않음). 가장 기본적인 프렌치 드레싱French dressing은 기름, 식초, 소금, 후추가 일시적으로 유화되는 드레싱으로 오일과 식초의 비율은 3 : 1이 표준이다. 레드와인 드레싱, 허브갈릭 드레싱, 토마토 드레싱, 애플 드레싱, 이탈리안 드레싱 등이 있다.
- 유화된 드레싱mayonnaise-based dressing(emulsified dressing)
  마요네즈가 기초인 드레싱(대부분이 걸쭉한 드레싱)으로 시저 드레싱, 키위 드레싱, 사우전드아일랜드 드레싱 등이 있다.
- 조리한 드레싱cooked dressing
  마요네즈와 비슷하게 보이지만 기름이 거의 함유되어 있지 않다.

THE PROFESSIONAL
WESTERN COOKING

1 재료 준비
2 뼈 굽기
3 미르포아 볶기
4 토마토 페이스트 넣어 볶기
5 시머링
6 면포로 짜기

브라운소스 Brown sauce ; espagnole sauce

재료 및 분량
[20L]

송아지뼈veal bone 20kg, 빌 트리밍veal trimming 2kg, 양파cubed onion 1kg, 마늘clove garlic 200g, 당근cubed carrot 500g, 셀러리celery 500g, 검은 통후추black peppercorns 10g, 월계수잎bay leaves 1ea, 토마토 페이스트tomato paste 300g, 토마토cut off tomato 500g, 주니퍼 베리juniper berries 5g, 적포도주red wine 500mL, 브라운스톡brown stock 20L, 소금salt 5g

만드는 방법

1 로스팅 팬에 송아지뼈를 넣고 150℃ 오븐에서 2시간 동안 구운 후 송아지 트리밍을 넣고 추가로 1시간 동안 갈색이 나게 구워 추출된 기름을 제거한다.
2 팬에 추출된 기름을 소량 넣고 양파, 마늘, 당근, 셀러리, 토마토 페이스트를 15분간 갈색으로 볶는다.
3 적포도주를 넣고 끓여 반으로 졸이고 허브, 브라운스톡을 넣고 시머링으로 6~8시간 동안 끓이며 표면에 떠오르는 불순물은 수시로 제거한다. 이때 스톡이 졸아들면 물을 보충한다.
4 체로 걸러서 브라운스톡을 만든다(1일차).
5 2일차에는 1일차와 같은 양의 목표와 방법으로 작업을 하는데 1일차의 브라운스톡을 사용한다.
6 3일차에는 2일차와 같은 양의 목표와 방법으로 작업을 하는데 2일차의 브라운소스를 사용한다.
7 면포로 걸러 브라운소스brown sauce를 완성한다.

NOTE

- 적포도주를 소스에 사용할 때 졸이는 것은 신맛을 제거하고 색상을 풍부하게 하기 위함이다.
- 브라운소스를 반으로 졸이면 데미글라스소스(demi-glace sauce)가 되고, 1/10로 졸이면 글래스 드 비앙(glace de viand)이 된다. 또한 소스를 줄임으로써 소스의 영양가가 높아지는 것을 완화하기 위해 브라운 루(brown roux) 혹은 전분(potato starch or corn starch)으로 농도를 조절하여 사용하기도 한다. 돼지뼈로 브라운소스(brown sauce)를 제조할 때에는 3일간 끓이면 소스가 검게 되기 때문에 8시간 끓인 후 브라운 루와 마살라 와인(marsala wine)을 사용하여 농도를 조절하고 향미를 부여하기도 한다.

브라운소스용

브라운스톡 Brown stock for brown sauce

재료 및 분량 [20L]

송아지뼈veal bone 20kg, 빌 트리밍veal trimming 2kg, 양파cubed onion 1kg, 마늘clove garlic 200g, 당근cubed carrot 500g, 셀러리celery 500g, 검은 통후추black peppercorns 10g, 월계수잎bay leaves 1ea, 토마토 페이스트tomato paste 300g, 토마토cut off tomato 500g, 쥬니퍼 베리juniper berries 5g, 적포도주red wine 500mL, 물water 40L, 소금salt 5g

만드는 방법

1. 로스팅 팬에 송아지뼈를 펼쳐 150℃ 오븐에서 2시간 동안 구운 후 빌 트리밍을 넣고 추가로 1시간 동안 갈색이 나게 구워 추출된 기름을 제거한다.
2. 팬에 추출된 기름을 소량 넣고 양파, 마늘, 당근, 셀러리, 토마토 페이스트를 15분간 갈색으로 볶는다.
3. 적포도주를 넣고 끓여 반으로 졸이고 허브, 물을 넣고 6~8시간 동안 시머링한다. 물이 졸아들면 계속 채운다.
4. 체로 걸러서 브라운스톡을 만든다.

빌데미글라스소스 Veal demi-glace sauce

재료 및 분량 [2L]

빌 트리밍veal trimming 800g, 양파small cut onion 300g, 당근diced carrot 150g, 브랜디brandy 180mL, 포트와인port wine 350mL, 으깬 흰 통후추crushed white peppercorns 15g, 브라운빌스톡brown veal stock 2L

만드는 방법

1. 로스팅 팬에 빌 트리밍을 펼쳐, 150℃ 오븐에서 갈색으로 굽고, 추출된 기름은 제거한다.
2. 팬에 추출된 기름을 소량 넣고 양파, 당근, 통후추를 갈색으로 볶은 후 브랜디로 플람베flamber한다.
3. 포토와인, 브라운빌스톡을 넣고 시머링으로 20분간 끓여 면포로 거른다.

적포도주소스 Red wine sauce

재료 및 분량 [2L]

적포도주red wine dry 450mL, 꼬떼 뒤 론와인cotes du rhone-red wine 1.5L, 빌 트리밍veal trimming 800g, 양송이버섯champignon mushroom stem 50g, 샬롯찹rough chopped shallot 또는 양파찹chopped onion 50g, 으깬 검은 통후추crushed black peppercorns 10g, 브라운빌스톡brown veal stock reduced 2L, 버터butter 100g, 타임thyme 1spring, 월계수잎bay leaves 1ea, 마늘garlic 2clove, 버터butter 10g

만드는 방법

1 로스팅 팬에 빌 트리밍을 펼쳐 150℃ 오븐에서 30분간 갈색으로 굽는다.
2 팬에 버터를 녹이고 샬롯, 양송이버섯, 마늘, 월계수잎, 통후추를 진한 갈색으로 굽는다.
3 적포도주를 넣고 끓여 50%로 졸이고, 브라운빌스톡을 넣고 15분간 시머링으로 끓인 후 고운 체로 걸러 버터로 몽테monte한다.

블랙페퍼콘소스 Black peppercorn sauce

재료 및 분량 [1L]

데미글라스demi-glace 1L, 으깬 검은 통후추crushed black peppercorns 200g, 버터butter 200g, 적포도주red wine 50mL, 생크림fresh cream 20mL, 마늘찹chopped garlic 20g, 소금과 후춧가루salt & ground pepper 적당량

만드는 방법

1 팬에 소량의 버터를 녹여 양파, 으깬 통후추를 갈색으로 볶은 후 적포도주를 넣고 졸이다가 데미글라스를 넣고 한 번 더 끓인다.
2 열에서 내려 생크림을 넣고, 버터로 몽테한 후 소금과 후춧가루로 양념한다.

비가라드소스 Bigarade sauce

재료 및 분량 [1.5L]

오리뼈duck bone 5kg, 빌 트리밍veal trimming 1kg, 식용유vegetable oil 150mL, 마늘garlic 30g, 당근cubed carrots 250g, 대파cubed leek 500g, 셀러리cubed celery 250g, 양파cubed onion 500g, 월계수잎bay leaves 2ea, 타임thyme 3g, 세이지sage 2g, 오레가노oregano 2g, 바질basil 5g, 적포도주red wine 500mL, 오렌지주스orange juice 1L, 오렌지 껍질orange zest 2pc, 토마토 페이스트tomato paste 150g, 버터butter 30g, 밀가루flour 30g, 브라운빌스톡brown veal stock 6L, 그랑마니에grand marnier 30mL, 버터flake butter-frozen 50g, 소금과 후춧가루salt & ground pepper 적당량

만드는 방법

1 버터와 밀가루로 루를 만든다.
2 오리뼈와 빌 트리밍은 150℃ 오븐에서 2시간 동안 갈색으로 굽는다.
3 팬에 식용유를 두르고 양파, 마늘, 당근, 셀러리, 대파, 토마토 페이스트를 15분 동안 갈색으로 볶는다.
4 적포도주를 넣고 졸인 뒤 브라운빌스톡, 오렌지주스, 허브를 넣고 20%가 되도록 끓이고, 루를 넣고 10분간 더 끓인 후 고운 체에 거른다.
5 그랑마니에를 넣고 오렌지 껍질을 가니쉬로 곁들인 후, 버터로 몽테한다.

트러플 포트와인소스 Truttle port wine sauce

재료 및 분량 [1L]

송로버섯찹chopped truffle 50g, 포트와인port wine 200mL, 브라운소스brown sauce 1,000mL, 버터butter 3g

만드는 방법

1 팬에 버터를 넣고 녹이다가, 송로버섯을 넣고 2~3분간 볶은 후 포트와인을 넣고 반으로 졸인다.
2 브라운소스를 넣고 10분간 은근히 끓여 농도를 조절한다.

벨로떼
Veloute

재료 및 분량
[370mL(2인분)]

버터butter 40g, 밀가루flour 50g, 스톡stock-chicken, veal 500mL, 양송이버섯champignon mushroom peeling 100g, 너트멕nutmeg 소량, 소금salt 적당량, 흰 후춧가루ground white pepper 적당량

만드는 방법

1 팬에 소량의 버터를 넣고 녹이다가 양송이버섯을 넣어 색깔이 없도록 볶은 후 밀가루를 넣고 2~3분간 더 볶아 블로드 루를 만든다.

2 스톡, 너트멕을 넣고, 시머링으로 30분간 끓인 후 소금과 후춧가루로 양념하고 고운 체 혹은 면포로 걸러서 식힌다.

1 재료 준비
2 블로드 루 만들기
3 시머링
4 면포로 짜기

피시 벨로떼 Fish Veloute

재료 및 분량 [10L]

버터butter 800g, 밀가루purpose flour 1kg, 양파찹chopped onion 500g, 레몬즙fresh lemon for juice 2ea, 피시스톡fish stock 8.5L, 소금salt 25g, 우스터소스few drop Worcestershire sauce 소량, 우유milk 2.5L

만드는 방법

1 팬에 소량의 버터를 녹여 양파를 색깔이 없도록 볶은 후 밀가루를 넣고 2~3분간 더 볶는다.
2 차가운 피시스톡과 우유를 넣고 덩어리가 없도록 거품기로 젓는다.
3 시머링으로 30분간 끓인 후 소금으로 간을 하고 고운 체로 걸러서 식힌다.

슈프림소스 Supreme sauce

재료 및 분량 [800mL]

치킨 벨로떼chicken veloute 800mL, 양송이버섯 슬라이스sliced champignon mushroom 100g, 달걀노른자egg yolks 2ea, 버터butter 30g, 홍피망 다이스diced red pimentos 50g, 쉐리와인sherry wine 40mL, 치킨스톡chicken stock 200~300mL, 소금과 후춧가루salt & ground pepper 적당량

만드는 방법

1 소량의 버터에 양송이버섯과 홍피망을 따로 볶아서 준비한다.
2 스톡 냄비에 치킨 벨로떼를 넣고 끓이다가 뜨거워지면 쉐리와인, 볶은 버섯과 피망을 넣고 열에서 내린다.
3 거품기로 저으면서 달걀노른자를 넣어 완성한다.
4 필요하면 치킨스톡으로 농도를 조절하고, 소금과 후춧가루로 양념한다.

베샤멜소스

Bechamel sauce

재료 및 분량 [4L]

버터butter 300g, 밀가루flour 400g, 우유milk 5L, 너트멕nutmeg 1g, 월계수잎bay leaves 1ea, 정향을 꽂은 양파 조각oignon pique, onion stuff with clove 1ea, 소금salt 15g

만드는 방법

1 밀가루를 고운 체로 친다.
2 팬에 버터를 녹인 후 밀가루를 넣고 색깔이 나지 않게 화이트 루white roux를 만든다.
3 우유를 한번에 넣고(팬 온도가 떨어져 끓지 않게) 거품기로 저으면서 루가 풀어지게 한다.
4 정향과 월계수잎을 넣고 시머링으로 30분 동안 끓인 후 면포로 거른다.
5 소금으로 양념한다.

1 재료 준비
2 화이트 루 만들기
3 우유 넣기
4 정향 꽂은 양파 조각 넣기
5 면포로 짜기

모네이소스 Morney sauce

재료 및 분량
[300mL]

베샤멜소스bechamel sauce 230mL, 갈은 파마산치즈grated fresh parmesan cheese 30g, 갈은 그뤼에르치즈grated gruyere cheese 30g, 달걀노른자egg yolk 1ea, 생크림fresh cream 30mL, 카옌 페퍼few grain cayenne pepper 소량, 소금salt 적당량

만드는 방법

1 생크림에 달걀노른자를 넣어 혼합한다.
2 팬에 베샤멜소스를 넣고 끓이다가 뜨거워지면 파마산치즈, 그뤼에르치즈를 넣고 녹인다.
3 소스를 열에서 내려 거품기로 저으면서 1의 혼합물과 카옌 페퍼를 넣고 혼합한 후 소금으로 양념한다.

뉴버그소스 Newberg sauce

재료 및 분량
[600mL]

베샤멜소스bechamel sauce 500mL, 볶은 양파sauteed & chopped onion white color 30g, 쉐리와인cherry wine(or Madeira wine) 200mL, 달걀노른자egg yolk 5ea, 코냑cognac(or brandy) 30mL

만드는 방법

1 팬에 베샤멜소스를 넣고 끓이다가 뜨거워지면 볶은 양파, 쉐리와인을 넣고 불에서 내린다.
2 거품기로 소스를 저으면서 달걀노른자를 넣어 혼합한 후 코냑을 넣고 잘 섞는다.
3 새우나 바닷가재 요리에 제공할 때에는 토마토 페이스트나 퓌레를 넣는다.

토마토 혼듀소스

Tomato fondu, Italian style tomato sauce

재료 및 분량 [1.3L]

올리브유olive oil 50mL, 양파찹chopped onion 200g, 다진 마늘chopped garlic 100g, 토마토홀 #10 canned Italian tomato 1캔(2.68kg), 신선한 바질fresh basil 15g, 건조 오레가노dried oregano 2g

만드는 방법

1 뜨거운 팬에 올리브유를 두른 후 양파를 넣고 5분간 볶다가 마늘을 넣고 2분간 다시 볶는다.

2 토마토홀을 주물러 으깬 후 1에 넣고 은근히 끓인다.

3 바질과 오레가노를 넣은 후 반으로 졸아들면 용기에 옮겨서 식힌다.

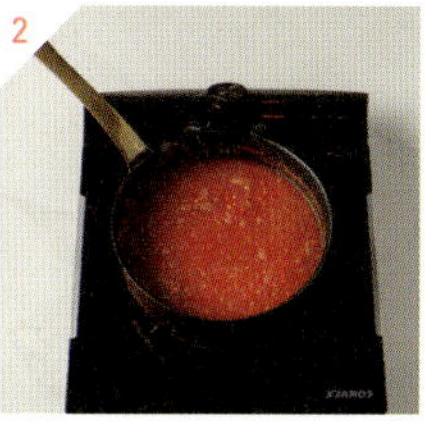

1 재료 준비
2 시머링

NOTE

- #10캔은 12컵(액체로 101oz., 2.86kg)을 채울 수 있는 대량 캔이고 #303캔은 2컵(액체로 1.5oz., 425g)을 채울 수 있는 소량 캔이다. 토마토 케첩 #10캔은 약 3.23kg이다.

미트소스 Bolonaise sauce(Meat sauce)

재료 및 분량
[10인분]

갈은 쇠고기ground fatless beef 1kg, 샬롯찹 or 양파찹chopped shallot or onion 100g, 토마토 페이스트tomato paste 100g, 마늘찹chopped garlic 5g, 빌스톡veal stock 2L, 토마토 콩카세tomato concasse 10mL, 식용유salad oil 500g, 로즈마리rosemary 1g, 타임thyme 2g, 마조람majoram 2g, 월계수잎bay leaves 1ea, 소금salt 적당량, 검은 후춧가루ground black pepper 적당량, 오레가노oregano 소량

만드는 방법

1 갈은 쇠고기는 덩어리가 분리되도록 갈색으로 볶아서 콜랜더colander에 받쳐 기름을 제거한다.
2 팬에 식용유를 두른 후 샬롯, 마늘, 셀러리, 토마토 페이스트를 넣고 10분간 볶는다.
3 스톡 냄비에 볶은 쇠고기, 채소, 토마토 콩카세, 허브, 빌스톡을 넣고 시머링으로 40분~1시간 동안 끓인다(육수가 부족하면 스톡을 보충함).
4 소금, 후춧가루로 양념한다.

NOTE

- 미트소스는 끓이는 시간이 많이 소요되므로 현장에서는 브라운소스를 사용하여 토마토 페이스트를 볶는 시간과 끓이는 시간을 줄이기도 한다. 또한 브라운소스를 사용함으로써 감칠맛과 풍미를 높일 수 있다.

홀랜다이즈소스
Hollandaise sauce

재료 및 분량 [1L]

달걀노른자egg yolks 6ea, 정제버터clarified butter 1kg, 식초vinegar 40mL, 물water 10mL, 샬롯찹 or 양파찹chopped shallot or onion 100g, 으깬 검은 통후추crushed black peppercorns 30g, 월계수잎 bay leaves 3ea, 소금salt, 레몬즙fresh lemon juice, 우스터셔소스Worcestershire sauce

만드는 방법

1 팬에 식초, 물, 샬롯, 통후추, 월계수잎을 넣고 은근히 졸인 후 체에 걸러 30mL의 리덕션reduction을 만든다.
2 70℃의 물에 중탕 상태에서 믹싱 볼에 달걀노른자와 리덕션을 넣고 달걀노른자의 색이 연하게pale yellow 변하도록 거품기로 저은 후 중탕으로부터 내린다.
3 정제버터를 믹싱 볼 가장자리에 방울방울 떨어지게 하고 계속 같은 방향으로 거품기를 저어 홀랜다이즈소스를 만든다. 농도가 진해지면 레몬즙, 뜨거운 물을 소량씩 넣어 희석하면서 소스를 만든다.
4 소금과 우스터소스로 양념한다.
5 35~40℃에서 보관하고 4시간이 경과하면 폐기한다.

1 재료 준비
2 리덕션 만들기
3 달걀노른자, 리덕션 넣기
4 중탕으로 젓기
5 정제버터 넣기

1

2

3
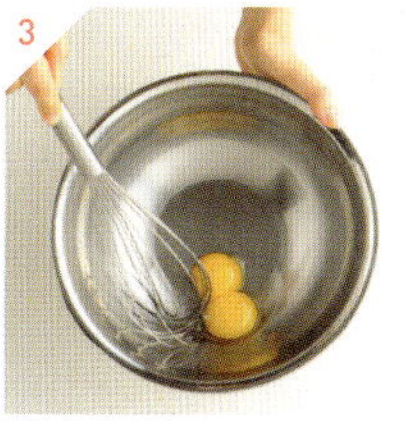
4

5

무슬린소스 Mousseline sauce

재료 및 분량 [75mL]

홀랜다이즈소스hollandaise sauce 60mL, 생크림fresh cream 15mL

만드는 방법

홀랜다이즈소스에 생크림을 넣고 거품기로 잘 혼합한다.

쇼롱소스 Choron sauce

재료 및 분량 [55mL]

홀랜다이즈소스hollandaise sauce 40mL, 토마토 콩카세 or 토마토 페이스트tomato concasse or tomato paste 15g

만드는 방법

모든 재료를 넣고 잘 혼합한다.

베어네즈소스 Bearnaise sauce

재료 및 분량 [40mL]

홀랜다이즈소스hollandaise sauce 40mL, 타라곤찹chopped tarragon 1g, 처빌찹chopped chervil 1g

만드는 방법

모든 재료를 넣고 잘 혼합한다.

뵈르 블랑

Beurre blanc

재료 및 분량 [1L(12인분)]

샬롯shallot or 양파onion 250g, 식초vinegar 10mL, 양송이버섯champignon trimming 100g, 피시스톡fish stock 50mL, 타라곤tarragon 2g, 월계수잎bay leaves 1ea, 생크림fresh cream 1L, 버터조각cold butter flake 500g, 백포도주white wine 50mL, 소금과 후춧가루salt & ground pepper 적당량, 타바스코few drop tabasco 적당량

만드는 방법

1 팬에 샬롯, 식초, 양송이버섯, 피시스톡, 백포도주, 타라곤, 월계수잎을 넣고 50mL가 되도록 은근히 졸여 리덕션을 만든다.

2 생크림을 넣고 시머링 상태에서 반으로 졸아들면, 버터를 넣고 블렌더에 곱게 갈아 고운 체로 거른다.

3 타바스코, 소금과 후춧가루로 양념한다.

1

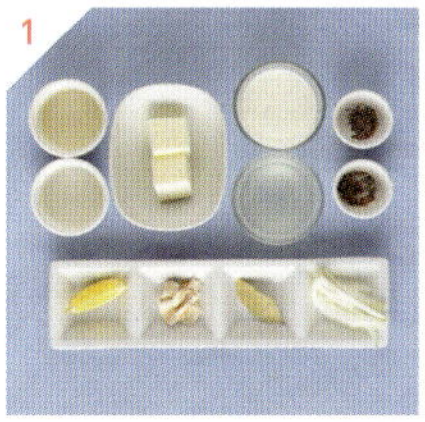

1 재료 준비
2 리덕션 만들기
3 생크림 넣고 시머링
4 버터 조각 넣기
5 갈기
6 거르기

2

3

4

5

6

카페 드 파리스 버터 Café de paris butter

재료 및 분량 [1kg]

양파찹chopped onion 200g, 마늘찹chopped garlic 2g, 식용유salad oil 3mL, 백포도주white wine 5mL, 타임찹chopped thyme 2g, 마조람찹chopped marjoram 2g, 파슬리찹chopped parsley 2g, 파프리카 파우더paprika powder 4g, 카레 가루curry powder 4g, 흰 후춧가루ground white pepper 3g, 소금salt 10g, 레몬즙fresh lemon juice 2mL, 브랜디brandy 2mL, 우스타소스Worcestershire sauce 2mL, 포트와인port wine 2mL, 데미글라스소스demi-glace sauce 2mL, 달걀whole egg 1ea, 달걀노른자egg yolk 6ea, 파슬리찹chopped parsley 20g, 차이브찹chopped chives 5g, 버터unsalted butter 900g

만드는 방법

1 버터를 실온에 두어서 부드럽게 한다.
2 팬에 소량의 식용유를 두르고 양파, 마늘을 투명하게 볶아서 식힌다.
3 믹서에 버터, 볶은 양파, 남은 재료를 모두 넣고 혼합한다.
4 짤주머니piping bag에 혼합한 버터를 넣고 20g씩 짜서 모양을 내거나, 직경 2cm의 둥근 막대 모양으로 성형하여 냉장고에서 굳힌다.

램 주스 Lamb jus

재료 및 분량 [2L]

양고기뼈chopped lamb bone 2kg, 식용유salad oil 50g, 양파cubed onion 300g, 당근cubed carrot 150g, 셀러리cubed celery 150g, 로즈마리rosemary 15g, 토마토 페이스트tomato paste 100g, 주니퍼 베리juniper berries 3g, 월계수잎bay leaves 2ea, 마늘찹chopped garlic 5g, 소금salt 적당량, 검은 통후추black peppercorns 적당량, 치킨스톡chicken stock 5L

만드는 방법

1 양고기뼈를 150℃ 오븐에서 3시간 동안 갈색으로 굽는다.
2 팬에 식용유를 두르고 양파, 당근, 셀러리, 마늘, 토마토 페이스트를 10분간 볶는다.
3 스톡 냄비에 구운 양고기뼈, 볶은 채소, 향신료, 적포도주, 치킨스톡을 넣고 시머링으로 2시간 끓인 후 면포로 거른다.
4 거른 소스를 반으로 졸여서 농도를 조절한다.

더클링 주스 Duckling jus

재료 및 분량
[2L]

오리뼈chopped duck bones 2kg, 양파cubed onion 150g, 당근cubed carrot 70g, 셀러리 cubed celery 70g, 토마토 페이스트tomato paste 100g, 마늘garlic 30g, 오렌지sliced orange 1/2ea, 허브mixed herb–rosemary, thyme, basil 5g, 월계수잎bay leaves 1ea, 치킨스톡 chicken stock 5L, 적포도주red wine 200mL, 주니퍼 베리juniper berries 2g, 소금salt 적당량, 검은 통후추black peppercorns 적당량

만드는 방법

1 오리뼈를 150℃ 오븐에서 2시간 동안 갈색으로 굽는다.
2 오리 지방이 녹으면 오렌지를 넣고 1분간 볶은 후 양파, 당근, 셀러리, 마늘, 토마토 페이스트를 넣고 10분간 더 볶는다.
3 스톡 냄비에 구운 오리뼈, 볶은 채소, 향신료, 적포도주, 치킨 스톡을 넣고 시머링으로 2시간 끓인 후 면포로 거른다.
4 거른 소스를 반으로 졸여서 농도를 조절한다.

NOTE

- jus : 농밀제를 첨가하지 않고 반으로 졸여서 완성한 소스이다.
  ⓔⓧ lamb jus, duckling jus

토마토 살사

Tomato salsa

재료 및 분량 [1kg]

올리브유olive oil 20mL, 마늘찹chopped garlic 10g, 토마토 페이스트tomato paste 120g, 청피망찹chopped green pimento 500g, 홍고추diced red chili 120g, 적포도주 식초red wine vinegar 60mL, 소금과 후춧가루salt & ground pepper 10g, 양파찹chopped onion 350g, 토마토 콩카세tomato concasse 300g, 치킨스톡chicken stock 1L, 붉은 양파diced red onion 500g, 고수찹chopped chinese parsley 15g, 흑설탕brown sugar 20g, 타바스코few drop tabasco 소량

만드는 방법

1 팬에 올리브유를 두른 후 마늘, 피망, 고추, 양파, 붉은 양파, 토마토 페이스트를 볶는다.
2 타바스코, 토마토 콩카세, 적포도주 식초, 치킨스톡을 넣고 끓이다가, 끓어오르면 설탕, 고수를 넣고 시머링으로 끓인다.
3 소스의 양이 반으로 졸아들면 식힌다.

1 재료 준비
2 소테

칵테일소스 Cocktail sauce

재료 및 분량
[1L]

홀스래디쉬horseradish 80g, 마요네즈mayonnaise 700mL, 토마토 케첩tomato ketchup 200mL, 브랜디brandy 30mL, 소금salt 20g, 흰 후춧가루ground white pepper 3g

만드는 방법

모든 재료들을 잘 혼합한다.

레뮬라드소스 Remoulade sauce

재료 및 분량
[7.5L]

마요네즈mayonnaise 6L, 삶은 달걀chopped hard boiled egg 20ea, 케이퍼찹chopped caper 500g, 딜 피클찹chopped dill pickle 1kg, 파슬리찹chopped parsley 100g, 앤초비찹chopped salted anchovies fillet 15ea, 레몬즙fresh lemon for juice 5ea, 소금과 후춧가루salt & ground pepper 적당량

만드는 방법

1 삶은 달걀은 흰자와 노른자를 분리한 후 흰자는 2mm로 자르고, 노른자는 고운 체에 내린다.
2 재료들을 잘 혼합한다.

적양파 피클 Red onion pickle

재료 및 분량
[5kg]

0.5cm 두께의 적양파 링red onion ring 5kg, 백포도주 식초white wine vinegar 5L, 설탕white sugar 2kg, 20cm 정도의 계피나무cinnamon 1ea, 정향whole clove 10g, 올스파이스allspice 40ea, 건고추dried chile whole 10ea, 스타 아니스star anise whole 10ea, 월계수잎bay leaves 20ea, 검은 통후추black peppercons 40ea

만드는 방법

1 적양파 링을 제외한 모든 재료를 냄비에 넣고 혼합한 후 끓인다.
2 적양파 링을 1에 넣어 데친 후 건져 놓는다.
3 피클 액을 식힌 후 건져 놓은 적양파 링과 혼합한다.
4 하루 정도 냉장고에 보관한 후 사용한다.

오이 피클 Pickled cucumber

재료 및 분량
[5kg]

오이cucumber 5kg, 피클링 스파이스pickling spice 80g, 물water 1.7L, 식초vinegar 1L, 설탕sugar 1kg, 소금salt 200g

만드는 방법

1 세척한 오이를 일정한 크기로 잘라 깊은 통에 담아 준비한다.
2 냄비에 물을 붓고 설탕, 소금을 넣고 끓이다가 피클링 스파이스를 면포에 싸서 넣고 다시 끓인다.
3 팔팔 끓을 때 식초를 넣고 다시 끓어오르면 자른 오이를 넣은 통에 붓는다.
4 식으면 냉장고에 두었다가 3일 후에 사용하면 아주 아삭하고 새콤달콤한 오이피클이 된다.

NOTE

- 무, 당근, 양배추를 추가로 넣어도 된다.
- 장기간 보관할 경우에는 물 대비 식초의 비율이 높아진다.

기타 다른 채소를 사용하는 방법

1. 오이는 소금으로 문질러 바로 사용할 것은 막대 모양으로 자르고, 장기간 보관 후 사용할 것은 통으로 피클을 만든다.
2. 콜리플라워, 브로콜리, 당근 등은 손질해서 바로 담가서 먹도록 한다.

사과 처트니 Apple chutney

재료 및 분량
[2kg]

껍질과 씨를 제거한 사과coreand chopped apples 1.2kg, 마늘찹chopped garlic 15g, 흑설탕brown sugar 600g, 건포도raisins 350g, 생강찹chopped ginger 100g, 소금salt 4g, 카옌 페퍼cayenne pepper 1.5g, 식초vinegar 220mL, 홍고추whole red chili 40g

만드는 방법

1 사과의 껍질과 씨를 제거한 후, 작은 크기(0.5cm 다이스)로 찹을 한다.
2 뜨거운 자루 냄비에 준비한 재료를 모두 넣고 시머링으로 15~20분간 끓인다.
3 고추를 제거하고 식힌다.

기본 드레싱 Dressing

서양요리에 사용되는 기본 드레싱의 종류는 다음 표와 같다.

표 2-3 드레싱의 종류

요리명	레시피	
발사믹 드레싱 (Balsamic dressing)	**재료 및 분량** [1L]	샬롯찹 or 양파찹chopped shallot or onion 60g, 건포도찹chopped raisin 60g, 마살라와인marsala wine 300mL, 적포도주red wine 300mL, 발사믹 식초balsamic vinegar 100mL, 엑스트라 버진 올리브유extra virgin olive oil 200mL
	만드는 방법	모든 재료를 잘 혼합하여, 유리병에 보관한다.
이탈리안 드레싱 (Italian dressing)	**재료 및 분량** [1L]	올리브유olive oil 700mL, 적포도주 식초red wine vinegar 160mL, 로즈마리chopped rosemary 0.8g, 바질찹chopped basil 1.6g, 타임찹chopped thyme 0.8g, 타라곤찹chopped tarragon 2.8g, 마늘찹chopped garlic 1.6g, 양파찹chopped onion 10g, 오이피클찹chopped cucumber pickle 8g, 토마토찹chopped tomato 8g, 소금salt 1.2g, 흰 후춧가루pepper white powder 0.1g
	만드는 방법	1 믹싱 볼에 적포도주 식초, 소금과 후춧가루를 넣고 잘 혼합하여 소금과 흰 후춧가루를 모두 녹인다. 2 로즈마리, 바질, 타임, 타라곤, 마늘찹, 양파찹, 오이피클찹, 토마토찹을 넣고 잘 혼합한다. 3 올리브유를 서서히 부으면서 휘퍼로 잘 혼합한다. 4 1주일간 냉장보관 후 사용한다.
사우전드 아일랜드 드레싱 (Thousand island dressing)	**재료 및 분량** [6L]	마요네즈mayonnaise 4L, 토마토 케첩tomato ketchup 1L, 칠리소스chili sauce 1L, 레몬주스lemon juice 45mL, 양파찹chopped onion 0.3kg, 청피망찹chopped green pimento 250g, 홍피망찹chopped red pimento 250g, 스위트 피클찹chopped sweet pickle 150g, 딜 피클찹chopped dill pickle 150g, 셀러리찹chopped celery 200g, 소금salt 5g
	만드는 방법	모든 재료를 잘 혼합한다.

(계속)

요리명	레시피
키위 드레싱 (Kiwi dressing)	**재료 및 분량 [1L]** 마요네즈mayonnaise 1kg, 키위kiwi 4~5ea, 소금과 후춧가루salt & ground pepper 적당량 **만드는 방법** 1 키위를 믹서로 잘 갈아 키위주스를 만든다. 2 마요네즈에 키위주스를 넣고 농도를 조절한다.
시저스타일 드레싱 (Caesar dressing)	**재료 및 분량 [1.3kg]** 마요네즈mayonnaise 1kg, 우유milk 300mL, 마늘찹chopped garlic 20g, 파마산치즈parmesan cheese 20g, 앤초비찹anchovy, chopped 10g, 후춧가루ground pepper 적당량 **만드는 방법** 모든 재료를 잘 혼합한다. 우유로 농도를 조절하고, 파마산치즈와 앤초비로 짠맛을 조절한다.
프렌치 드레싱 (French dressing)	**재료 및 분량 [1L]** 식용유salad oil 740mL, 식초vinegar Korean white 220mL, 디존 머스터드Dijon mustard 20g, 소금salt 5g, 흰 후춧가루ground white pepper 5g **만드는 방법** 1 믹싱 볼에 식초, 머스터드, 소금과 후춧가루를 넣고 위스크whisk로 잘 혼합한다. 2 식용유를 서서히 부으면서 잘 저어준다.
허니머스터드 드레싱 (Honey–mustard dressing)	**재료 및 분량 [1.2L]** 쳐빌찹chopped chervil 20g, 딜찹chopped dill 20g, 홀 그레인 겨자whole grain mustard 100g, 소금salt 2g, 흰 후춧가루ground white pepper 1.5g, 벌꿀honey 100g, 양파찹chopped onion 10g, 샬롯찹chopped shallot 40g, 마요네즈mayonnaise 1L **만드는 방법** 모든 재료를 잘 혼합한다.
블루치즈 드레싱 (Blue cheese dressing)	**재료 및 분량 [1L]** 블루치즈Roquefort cheese 600g, 마요네즈mayonnaise 0.4L, 우유milk 100mL, 소금salt 적당량, 흰 후춧가루ground white pepper 적당량 **만드는 방법** 모든 재료를 잘 혼합하고, 우유로 농도를 조절한다.

(계속)

요리명	레시피	
앤초비 드레싱 (Anchovy dressing)	**재료 및 분량** [300mL]	다진 앤초비salted anchovy fillet chopped 50g, 마늘찹chopped garlic 20g, 샬롯찹chopped shallot 50g, 엑스트라버진 올리브유extra virgin olive oil 150mL, 라임주스lime juice 50mL
	만드는 방법	올리브유에 앤초비 다진 것, 다진 마늘, 다진 샬롯, 라임을 넣고 잘 혼합한다.
오리엔탈 드레싱 (Oriental dressing)	**재료 및 분량** [700mL]	마늘찹chopped garlic 10g, 초절임 생강찹chopped ginger in vinegar 15g, 양파찹chopped onion 300g, 고수찹chopped chinese parsley 50g, 정종rice wine 30mL, 데리야키소스Teriyaki sauce 100mL, 설탕sugar 50g, 소금salt 적당량, 레몬그래스lemongrass 50g, 치킨스톡chicken stock 100mL, 올리브유olive oil 300mL, 레몬즙fresh lemon juice 200mL
	만드는 방법	1 팬에 소량의 식용유를 두르고 마늘, 생강, 양파를 볶아서 식힌다. 2 볶아서 식힌 채소와 다른 내용물을 혼합한다.
검정깨 드레싱 (Black sesame dressing)	**재료 및 분량** [1L]	볶은 검정깨roasted black sesame 20g, 식초vinegar 200mL, 물water 120mL, 레몬즙fresh lemon juice 40mL, 다진 사과minced apple 160g, 다진 배minced pear 200g, 다진 파인애플canned ground pineapple 330g, 참기름sesame oil 24mL, 설탕sugar 40g, 소금salt 적당량
	만드는 방법	모든 재료를 잘 혼합한다.

04

애피타이저와 샐러드

❶ 애피타이저

(1) 애피타이저의 유래와 개념

서양요리에서 '전채'란 격식을 갖춘 식탁에, 일정한 순서의 차림표대로 요리가 나오기 전에 제공하는 소량의 음식를 총칭한다. 우리말로는 전채前菜, 영어로는 애피타이저 appetizer, 불어로는 오되브르hors d'oeuvre라고 하는데, 이들의 어원을 알고 나면 전채 요리의 의미를 쉽게 이해할 수 있다.

불어의 'hors'는 '~의 밖', '~앞'의 뜻이고, 'oeuvre'는 '식사, 작업'을 의미하며, 두 단어 사이에 전치사 'de'가 위치하여 '오되브르'라고 한다. 두 단어를 풀이하면 '식사 전 또는 식사 이외의 것'이 된다. 영어의 'appetizer'는 '식욕'을 의미하며, 'appetite'는 '식욕을 돋우는 음식'을 의미한다. 다시 말하면 식사 전에 메뉴 이외에 제공되는 적은 양의 음식으로, 식욕을 촉진시키기에 적합한 요리를 뜻한다.

(2) 애피타이저의 역할

애피타이저는 코스메뉴에 있어 가장 첫 단계의 요리로 짠맛과 신맛이 적절히 배어 있어 타액 분비를 촉진하여 다음 단계의 음식을 더욱 맛있게 먹을 수 있도록 도와줄 수 있는 역할을 할 수 있어야 한다. 일반적으로 애피타이저는 특정 식재료에 국한하거나 제한하는 것이 아니라 어패류, 육류, 가금류, 과일, 채소, 유제품과 치즈 등을 이용하여 식욕을 촉진시킬 수 있는 음식으로 조리를 하거나, 이들의 여러 가지 조합으로 만들기도 한다.

애피타이저는 소량이어야 하며, 다음 음식을 먹기에 부담을 주어서도 안 되고, 색채의 대조를 확실히 이루어 손님들의 식욕을 돋워야 한다. 재료들의 색채가 서로 조화를 이루어야 한다는 점을 명심해야 한다. 전채 요리의 미식적인 요소는 제공온도hot-cold, 양heavy-light, 질감soft-hard, 맛sweet-sour, 색채dark-light, 맛의 강도mild-strong, 수분wet-dry, 전통성classic-modern, 육류 형태red meat-white meat, 식품그룹, 조리방식, 식재료의 양, 그리고 계절성을 포함하고 있다.

(3) 애피타이저의 종류

근래에 정식 메뉴의 코스로 장착된 전채 요리는 온도에 따라 더운 것, 찬 것으로 분류하고 형태에 따라 플레인plain과 드레스드dressed로 나누기도 한다. 플레인은 형태와 모양, 맛 등이 그대로 유지되는 훈제연어, 생굴 등을 말하며, 드레스드는 조리사의 아이디어와 기술로 조리 및 가공되어 원래의 맛은 유지하나 모양과 형태가 변형되는 각종 무스, 리버 소시지liver sausage 등이 포함된다.

세계 3대 진미로는 고급 전채 요리에 자주 등장하는 철갑상어 알caviar, 거위간foie gras, 송로버섯truffle이 있다.

철갑상어 알(캐비어)

캐비어caviar는 13세기경 러시아에서 '이크라ikra(연어나 송어의 알을 소금에 절인 것)'만큼 유명한 최초의 생산품이었다. 'caviar'는 터키의 'havyar'라는 말이 변형된 것으로 철갑상어sturgeon의 알로서 진주빛의 회색부터 연한 갈색으로 색깔이 구분되며 종류가 다양하다. 캐비어는 흑해와 카스피해에 서식하는 철갑상어의 알을 채취하여 가염한 것으로 크기에 따라 벨루가beluga, 세브루가sevruga, 오세트라osetra로 나뉘고 금색이나 갈색을 띤다.

그림 2-2
캐비어의 종류와 캐비어를 이용한 음식

1 벨루가
2 오세트라
3 세브루가

벨루가 캐비어는 굵은 알이며, 오세트라는 중간 크기의 알이고, 세브루가는 알맹이가 작다. 굵은 알일수록 고가이며 고급으로 취급하고 있다. 삶은 달걀의 흰자와 노른자, 다진 파슬리, 케이퍼, 사워크림, 멜바 토스트, 레몬, 버터 등과 함께 얼음 위에 제공된다.

거위간(푸아 그라)

강제 사육으로 소화불량에 걸린 거위는 간경화증을 일으키게 된다. 비대해진 거위의 간을 채취한 후 향신료와 와인을 혼합하여 마리네이드한 다음, 일정한 모양의 틀에 넣어 낮은 온도(65℃ 내외)의 오븐에서 2~3시간 정도 익혀낸 것이 푸아 그라foie gras이다. 트러플과 곁들이거나 무스로 만들어 애피타이저로 제공된다. 푸아 그라 파테foie gras pate에 트러플을 넣은 것을 '파테 드 푸아그라 트러플'이라고 한다.

송로버섯(트러플)

트러플truffle은 색상에 따라 블랙 트러플black truffle과 화이트 트러플white truffle로 구분된다. 블랙 트러플은 10~12월에 프랑스에서 생산되는 것이 최상품이고, 화이트 트러플은 9월에 이태리에서 소량 생산되기 때문에 kg당 천만 원을 호가하는 것도 있다. 값이 고가이기 때문에 흑신주라는 별명이 있는 송로버섯은 떡갈나무 아래의 땅속에서 자생한다. 지하 10~40cm에서 자생하며 향에 의하여 그 가치가 결정된다. 옛날 사람들은 트러플을 찾기 위해 멧돼지를 이용하였는데 그 이유는 송로버섯이 암

멧돼지의 냄새와 비슷하여 수멧돼지가 잘 찾아내기 때문이라고 한다. 트러플은 애피타이저는 물론이며 수프, 소스, 가금류와 육류 요리, 드레싱 등의 완성된 음식 위에 얇게 썬 것을 곁들여 제공한다.

(4) 애피타이저의 특징

애피타이저는 일정한 메뉴대로 요리가 나오기 전에 고객에게 식욕 촉진제로 제공되는 소량 요리 또는 음료이므로, 다음에 계속해서 나오는 요리와 중복되지 않도록 메뉴를 작성해야 한다.

간이 약간 얼얼하거나 짠맛, 신맛 또는 매운맛 등이 가미되어 그 자극으로 타액을 분비시키거나 시각적 효과로 다음 코스에 제공될 음식, 특히 주 요리를 먹고 싶은 욕구를 촉진시켜야 한다. 음식이 간결하고 색상의 조화를 이루어야 하며, 보기 좋은 모양새는 가장 중요한 포인트 중 하나다. 되도록 한입에 먹을 수 있는 작은 크기로 만들어야 하며, 애피타이저는 식사를 더욱 맛있게 먹을 수 있도록 식욕을 돋우는 데 그 목적이 있으므로 다음과 같은 조건을 갖추는 것이 좋다.

- 모양이 예쁘고 맛이 있으며 주 요리와 균형이 잡히도록 고려한다.
- 짠맛, 신맛이 가미되어 그 자극으로 타액 분비를 촉진시켜 식욕을 돋우어야 한다.
- 계절감이 흐르거나 지방색이 풍부한 것이면 더욱 좋다.

이상의 세 가지 조건을 갖춘다면 어떠한 식품이든 애피타이저로 사용할 수 있다.

(5) 재료별로 분류한 전채 요리의 특징

육류를 이용한 전채meat appetizer

육류를 전채에 사용할 때는 요리의 목적에 따라 적당한 부위를 선택해야 한다. 근육 조직이 비교적 단단한 부위로 만들어진 이탈리안 파마햄이나 양념에 말린 쇠고기 종류는 얇게 썰거나 첨가제를 이용하여 부드럽게 하는 조리방법을 선택한다. 또한 간liver이나 송아지의 지라sweetbread 등을 이용하기도 한다.

가금류를 이용한 전채poultry appetizer

가금류는 그 종류에 있어서 생선이나 채소 등과 비교할 때 다양성에서 뒤떨어지지만 부위별 특징이 뚜렷하다. 이러한 특성과 부위별 크기가 개별성을 띠고 있어 전채에 사용했을 때 시각적인 효과가 좋으며 대표적인 재료로는 오리, 거위, 닭 또는 이들의 간, 메추리의 가슴살, 꿩 등이 있다. 이러한 재료에 신선한 허브나 향신료를 적절하게 가미하고 훈제, 로스트, 테린과 같은 조리방법을 이용한다. 일반적으로 가금류를 제공할 때에는 가니쉬로 신선하거나 조리된 과일을 함께 곁들이면 좋다.

어패류를 이용한 전채seafood appetizer

애피타이저의 재료로 가장 흔하게 사용되는 것이 바로 어패류라고 할 수 있다. 애피타이저로 사용하기 위한 조리방법은 수백 가지가 있지만 우리가 흔히 볼 수 있는 요리로는 훈제, 양파와 백포도주를 곁들인 찜, 날것에 양념을 가하여 사용하는 타르타르 등이 있다. 어패류를 취급할 때에는 작업 시작 전에 일의 순서를 정하여 그 순서대로 진행함으로써 불필요하게 취급하여 생선의 선도를 떨어뜨리는 일이 없어야 하며, 가능한 한 생선의 모양을 보기 좋게 살려야 한다. 그 밖에도 어패류는 어느 정도 부패가 진행되었을 때에도 냄새를 동반하지 않으므로 의심이 가는 재료는 가급적 사용을 피하는 것이 좋다.

채소를 이용한 전채vegetable appetizer

채소는 얼마 전까지만 해도 육류나 생선 또는 다른 식품의 보조적인 역할을 맡아 왔었다. 그러나 요즈음은 스테이크의 더운 채소나 수프의 가니쉬, 애피타이저와 샐러드에 많이 사용되고 있다. 현대인의 식생활 패턴의 변화로 채소가 식단에서 차지하는 비율이 높아짐에 따라 채소를 조리하는 방법 또한 꾸준하게 연구·개발되고 있다. 채소를 단독 또는 복합적으로 전채에 사용하기 위해서는 어떠한 채소를 어떻게 사용할 것인가를 결정해야 하는데 일반적으로 다음과 같은 품질, 크기, 모양, 조리방법, 색상 등을 고려하여 선정하여야 한다.

- 일정한 크기
- 접시에 담았을 때의 시각적 아름다움
- 계절 재료의 사용
- 적절한 조리방법의 선택
- 영양소의 손실이 없도록 하는 조리방법의 선택
- 어울리는 소스의 선택

채소는 신선한 상태로 사용하는 것이 바람직하나, 조리를 해야만 할 경우 지나친 손질이나 열을 가하는 것은 채소의 영양, 맛, 색상, 형태 등에 손실을 초래하므로 가급적 단순한 작업과 순간적인 조리방법을 사용하는 것이 좋다.

치즈로 만든 애피타이저

치즈는 인체에 필수적인 단백질과 칼슘, 미네랄이 농축 함유된 완전식품이라 해도 과언이 아니다. 치즈의 기원에 대하여 굳이 이야기하지 않더라도 치즈는 아라비아 유목민족으로부터 그리스, 로마를 거쳐 유럽 지역에 전해졌고, 오늘날은 전 세계적으로 800여 종의 치즈가 많은 사람들의 사랑을 받고 있다.

치즈는 전채뿐만 아니라 샐러드, 주 요리, 디저트 등 어떤 요리에 사용하든 조화가 잘 이루어진다. 치즈를 전채로 이용할 때는 종류에 따라서 차이는 있겠지만 30~50g 정도의 양을 사용하면 적절하고 과일, 너트nut, 신선한 채소 등을 곁들이면 담백한 맛을 느낄 수 있을 뿐만 아니라 영양적인 면에서도 균형을 유지할 수 있다.

(6) 카나페의 이해

카나페는 스칸디나비아에서 유래한 말인데 작은, 열린 면, 한입에 먹을 수 있는 샌드위치라는 의미가 복합적으로 내재되어 있다. 차갑게 먹는 애피타이저로, 여러 가지 모양으로 만들 수 있다. 카나페는 기본, 스프레드, 주 재료, 가니쉬로 구성되며, 웰컴 푸드로도 이용된다.

카나페의 구성요소는 다음과 같다.

- 기본bases : 식빵, 통밀빵, 크래커를 다양한 모양으로 잘라 그대로 사용하거나 오븐에 구워 사용할 수 있다.
- 스프레드spreads : 버터, 마요네즈, 크림치즈 등이 사용되는데, 빵에 스프레드를 바르면 수분을 막아주고, 빵과 주 재료를 붙이는 접착제 역할을 한다.
- 주 재료main item : 주 재료에 따라 양념과 가니쉬가 달라지는데 닭간 무스, 해산물, 쇠고기, 햄, 소시지 등이 이용된다. 과일, 토마토, 오이가 사용되기도 한다.
- 가니쉬garnishes : 가니쉬는 일종의 장식물로 견과류, 과일, 치즈, 올리브, 달걀흰자와 노른자, 양파, 피클, 채소, 허브, 캐비어 등이 사용된다.

(7) 다양한 애피타이저

훔무스hummus

훔무스는 병아리콩을 으깨어 만든 음식으로, 레반트 지역과 이집트의 대중음식이다. 훔무스는 아랍어로 '병아리콩'이라는 뜻이며, 정식 아랍 명칭인 '훔무스 비타히나 حمّص بطحينة'는 병아리콩과 타히니소스라는 의미이다. 병아리콩을 하루 동안 물에 담근 후 푹 익혀 믹서로 곱게 갈아 타히니소스, 올리브유, 레몬주스, 소금, 마늘 등과 함께 혼합해서 만드는데, 디핑소스나 스프레드 형태로 사용한다.

피타브레드와 같은 넓적한 빵에 함께 먹는 소스로 사용된다. 팔라펠, 치킨구이, 생선, 삶은 달걀과 함께 먹기도 한다. 곁들임 채소로는 토마토, 오이, 고수, 파슬리, 볶은 양파, 볶은 버섯, 으깨지 않은 병아리콩, 파프리카, 올리브, 피클 등이 있다. 식이섬유가 풍부하여 성인병 예방에 좋은 음식이다.

퀴노아quinoa

남아메리카 안데스 산맥의 고원에서 자라는 곡물로, '곡물의 어머니'라는 의미를 갖는다. 원산지는 페루, 볼리비아, 콜롬비아, 칠레의 안데스 지역이다. 해발 2,500~4,000m의 고산지대에서 자라며 적응력이 강해 기후환경을 크게 가리지 않고, 토양이 건조해도 재배가 용이하다. 쌀보다 작은 좁쌀 크기로 흰색, 붉은색, 갈색, 검은색 등이 있다. 고단백 식품으로 글루텐, 나트륨이 거의 없어 건강식품이다. 쌀과 함께 밥을 지어 먹거나 익혀서 채소와 곁들여 먹기도 하고 가루를 내어 과자나 음료를 만들기도 한다.

쿠스쿠스couscous

듀럼durum과 같은 단단한 밀을 으깬 세몰리나semolina를 쪄서 만든 식품으로 북아프리카 마그레브 지방에서 주식으로 먹으며 리비아, 튀니지에서 고기와 당근, 감자 등과 같이 쪄서 먹는다. 이집트에서는 버터, 설탕, 견과류 등과 곁들여 디저트로 먹으며 스페인, 프랑스, 이탈리아 등지에서도 먹는다. 북아프리카와 가까이 접해 있는 팔레스타인과 이스라엘에서도 쿠스쿠스 요리를 먹는다.

❷ 샐러드

(1) 샐러드의 의미

샐러드salad란 여러 가지 차가운 계절채소 및 허브와 과일 등을 이용해서 소스를 곁들인 것을 말한다. 원래 샐러드는 생채소에 소금을 뿌려 먹던 습관에서 발전한 것으로 기원전 로마, 그리스시대부터 먹었던 것으로 전해진다. 샐러드는 시큼한 겨자 비네그레트vinaigrette, 매끄럽고 부드러운 마요네즈, 박하 또는 올리브유을 얇게 입히거나 드레싱을 엷게 입혀 완성하는 것이 기본이다.

(2) 샐러드의 구성

베이스

'베이스base'는 일반적으로 양상추와 같은 채소로 구성된다. 그릇을 채우거나 사용된 다른 여러 재료와의 색상 대비를 이루는 데 사용 목적이 있다.

드레싱

'드레싱dressing'은 일반적으로 모든 종류의 샐러드와 함께 제공한다. 드레싱은 맛을 증가시키고 가치를 돋보이게 하며 소화를 도울 뿐만 아니라 몇몇 경우에 있어서는 곁들임의 역할도 한다.

가니쉬

가니쉬garnish, 즉 곁들임의 주 목적은 완성된 제품을 아름답게 보이도록 하는 것이지만 맛을 증가시키는 역할을 한다. 곁들임은 기본 샐러드 재료의 일부분일 수도 있고, 단독 재료일 수도 있다. 곁들임은 단순한 것이 좋으며, 관심을 끌고 식욕을 자극하는 데 도움을 주어야 한다.

(3) 샐러드 양념

소금

채소에 쓰이는 기본 양념의 하나로, 채소 요리에는 적당히 사용해야 한다. 바다소금과 정제소금은 최상의 소금이며 자연적으로 가공된 것이다.

후추

샐러드의 향을 살리며 강한 맛을 얻기 위해서는 갈아서 사용해야 하며, 갈은 후추는 후추의 독특한 향을 잃어버릴 수 있다. 어린 그린 통후추green peppercorns는 초록색으로 식초에 절임 보관하며, 붉은 통후추pink peppercorns는 식초 절임 혹은 햇볕에

말려서 보관하는데 익으면 검은 통후추black peppercorns가 되면서 강한 맛을 내게 된다. 그리고 흰 통후추white peppercorns는 검은 통후추의 외피를 제거한 것이기 때문에 향이 부드러우며, 조리하는 재료가 흰색을 유지해야 할 때 많이 사용한다.

견과류

맛이 풍부하고 향기가 좋으며 샐러드에 잘 어울린다. 특히 샐러드에 잘 어울리는 견과로는 호두walnut, 잣pine nut, 아몬드almond, 피스타치오pistachio, 땅콩peanut, 헤이즐넛heazelnut, 피칸pecan 등이 있으며 날것으로 사용하거나 로스트한 너트를 사용하기도 한다.

꿀

꿀은 훌륭한 샐러드 드레싱이다. 가장 미묘한 드레싱에 잘 어울리는데 용해성이 높아 적당히 사용하면 샐러드의 맛을 높일 수 있다.

겨자

샐러드 드레싱에 식초와 함께 널리 사용되며 식초 대신 사용되기도 한다. 드레싱용 겨자는 프랑스산 디존 머스터드Dijon mustard가 사용되는데, 이 겨자는 맵고 시큼한 맛과 부드러운 맛이 나며 설탕이 첨가되지 않은 자연적인 단맛이 풍부하다.

올리브

올리브는 시큼하고 짭짤한 맛 때문에 샐러드에 많이 사용되는 첨가물 중 하나이다. 큰 것과 작은 것 그리고 검은색, 초록색, 붉은색 등 그 종류가 매우 다양하다.

과일

여러 가지 과일은 샐러드 재료와 디저트로 사용될 수 있으며, 샐러드에 향과 색을 낼 수 있다. 신선한 계절과일을 사용하고 캔이나 냉동식품은 될 수 있으면 사용하지 않는 것이 좋다.

훈제연어 샐러드

Smoked salmon with condiments

재료 및 분량 [1인분]

훈제연어sliced smoked salmon 70g, 양파링onion ring 20g(4pc), 양상추iceberg lettuce 50g, 그린 치커리green chicory 10g, 케이퍼caper 15g, 홀스래디쉬horseradish 20mL, 익힌 달걀노른자찹chopped & boiled egg yolk 1ea, 익힌 달걀흰자찹chopped & boiled egg white 1ea, 오이cucumber 40g, 체리토마토cherry tomato 1ea, 멜바 토스트melba toast 4pc

만드는 방법

1 접시 중앙에 손질한 양상추와 치커리를 놓고, 채소가 덮이도록 훈제연어를 담는다.
2 양파링을 올리고 사이에 케이퍼를 놓는다.
3 오이를 2cm 길이로 잘라 가운데를 파서 오이 컵을 준비한다.
4 오이 컵에 달걀흰자와 노른자를 담고 홀스래디쉬, 체리토마토, 멜바토스트를 곁들인다.

NOTE **멜바 토스트(melba toast)**

1. 식빵을 2.5~3mm 두께로 썰어서 빵의 가장자리를 잘라내고, 정제버터를 바른 팬(sheet pan)에 겹치지 않도록 깐 후, 200℃ 오븐에서 3~4분간 갈색으로 굽는다.
2. 멜바 토스트는 훈제연어와 캐비어를 제공할 때 곁들인다.

앤초비 드레싱을 곁들인

해산물 샐러드

Warm seafood salad
with anchovy dressing

재료 및 분량
[1인분]

농어seabass fillet 50g, 관자scallop 2ea, 오징어calamari 50g, 새우shrimp 3ea, 셀러리celery 10g, 홍피망red pimento 10g, 노랑 피망yellow pimento 10g, 샬롯shallot 5g, 마늘garlic 3g, 앤초비anchovy 5g, 이탈리안 파슬리italian parsley 1stem, 엑스트라 버진 올리브유eatra virgin olive oil 15mL, 소금과 후춧가루salt & ground pepper 적당량, 라임주스lime juice 5mL, 쿠르부용court-boullion 0.5L

만드는 방법

1 큐브 사이즈의 농어, 링 모양의 오징어, 새우를 준비한다.
2 끓는 쿠르부용에 소금을 약간 넣어 1을 데친 후 물기를 제거한다.
3 올리브유에 다진 앤초비, 다진 마늘, 다진 샬롯, 라임을 넣어 드레싱을 완성한다.
4 모든 재료를 혼합하여 접시에 담는다.

비프 카파치오 Beef carpacchio

재료 및 분량
[1인분]

쇠고기 안심beef fillet 50g, 아루굴라 샐러드arugula salad 30g, 엑스트라 버진 올리브유extra virgin olive oil 10mL, 다진 마늘minced garlic 5g, 바질basil 10g, 송로버섯오일truffle oil 10g, 블랙 올리브sliced black olive 15g, 파마산치즈sliced fresh parmesan cheese-shaved 10g, 선드라이드 토마토sun-dried tomato 20g, 소금과 후춧가루salt & ground pepper 적당량, 브라운소스brown sauce 30mL, 발사믹 식초balsamic vinegar 15mL, 마요네즈mayonnaise 20mL

만드는 방법

1 마늘과 바질을 블렌더에 곱게 간다.
2 쇠고기 안심은 2~3mm 두께로 썰어 비닐 사이에 넣고 망치로 두들겨 직경 25cm 크기(둥근 모양)로 얇게 펼쳐 냉장고에 보관한다.
3 낮은 온도에서 브라운소스를 졸인 후 식혀서 마요네즈와 혼합한다.
4 아루굴라 샐러드에 발사믹 식초를 섞어서 접시에 담는다. 마늘, 송로버섯오일, 선드라이드 토마토, 블랙 올리브를 올리고, 그 위에 손질하여 소금과 후춧가루로 양념한 쇠고기 안심을 올린다(아루굴라 샐러드가 완전히 덮이도록 함).
5 브라운소스와 마요네즈 혼합한 것을 짤주머니에 넣어 쇠고기 안심 위에 장방형으로 얇게 짜고, 얇게 썬 파마산치즈를 올린다.

연어와 광어 그라브락스

Gravlax of salmon and halibut with mustard sauce

재료 및 분량
[16인분]

광어halibut filet 1kg, 연어salmon filet 1kg, 소금salt 50g, 설탕sugar 100g, 딜찹chopped fresh dill 100g, 으깬 흰 통후추crushed white peppercorns 25g, 올리브유olive oil 100mL, 벌꿀 겨자소스honey mustard sauce 640mL, 엔다이브endive 160g, 체리토마토cherry tomato 16ea, 양상추iceberg lettuce 160g, 단델리온dandelion 80g, 양송이버섯sliced champignon mushroom 16ea, 차이브chive 16spring

만드는 방법

1 2인치 호텔 팬(또는 시트 팬)에 광어와 연어를 넣고 소금, 설탕, 딜, 으깬 흰 통후추를 뿌려 12시간 동안 냉장고에서 절인다.
2 절인 생선을 2mm 두께로 얇게 썰어 장미 모양으로 만든다(각 60g씩).
3 접시에 말은 광어와 연어를 놓고, 벌꿀 겨자소스를 뿌린다. 양상추, 엔다이브, 단델리온으로 부케를 만들고, 양송이버섯과 차이브로 가니쉬한다.
4 필요시 부케에 드레싱을 소량 제공한다.

NOTE **filet과 fillet의 차이점**

• filet은 생선에, fillet은 육류에 사용한다(미국식당연합회 기준).

카프레제 (토마토와 모차렐라치즈 샐러드)

Caprese(tomato and mozzarolla cheese)

재료 및 분량 [1인분]

버팔로 모차렐라치즈buffalo mozzarella cheese 80g, 이탈리아 토마토Italian tomato 80g, 홍피망roasted red pimento 80g, 바질 페스토basil pesto 10mL, 오레가노oregano leaf 1g, 바질basil leaf 2g, 소금과 후춧가루salt & ground pepper 적당량

만드는 방법

1 홍피망은 스토브에 껍질을 태운 후 얼음물에 넣어 껍질을 제거하고 2mm 두께로 썰어 올리브유와 소금, 후춧가루로 양념하여 샐러드를 만든다.
2 토마토와 버팔로 모차렐라치즈는 두께 4mm의 둥근 모양으로 썬다.
3 접시에 토마토와 버팔로 모차렐라치즈를 돌려서 보기 좋게 담는다.
4 3 위에 바질 페스토를 뿌리고, 1의 피망 샐러드를 곁들인 후 바질로 장식한다.

곁들임 레시피

바질 페스토(Basil pesto)

재료 및 분량 [200mL]

잣pine nut 45g, 바질잎fresh basil 100g, 마늘garlic 15g, 소금salt 2g, 파마산치즈grated fresh parmesan cheese 30g, 올리브유olive oil 75mL

만드는 방법

1 잣은 팬에서 갈색이 나도록 볶는다.
2 블렌더에 볶은 잣, 바질, 마늘, 소금, 파마산치즈, 올리브유를 넣고 곱게 간다.
3 유리 그릇(glass jar)에 담아 냉장고에 보관한다. 바질 페스토는 파스타, 전채 요리, 주요리에 사용할 수 있다.

캐비어를 곁들인 따뜻한

랍스터 샐러드 Warmed lobster salad with caviar

재료 및 분량
[1인분]

바닷가재live lobster half 200g, 레몬즙fresh lemon for juice 20mL, 허브 비네그레트herb vinaigrette 20mL, 호밀 팬케이크buck wheat pancake 1pc 30g, 캐비어caviar 10g, 망고소스mango sauce 50mL, 발사믹 식초balsamic vinegar 10mL, 고수Chinese parsley 1spring, 무순turnip sprout 10g, 소금과 후춧가루salt & ground pepper 적당량, 버터butter 10g

만드는 방법

1 끓는 소금물에 바닷가재를 넣고 4~5분간 삶은(껍질이 붉게 변함) 후 건져 얼음에서 식힌다. 세로로 이등분하여 집게발 껍데기를 깨고 살코기를 분리한 후 소금, 후춧가루, 레몬즙을 뿌려 둔다.

2 뜨거운 팬에 버터를 녹이고 집게발을 구운 후 허브 비네그레트를 묻힌다.

3 직경 4cm의 원통 몰드를 접시 중앙에 놓고 구운 호밀 팬케이크, 바닷가재, 캐비어를 올린 후, 몰드를 제거한다.

4 망고소스를 뿌리고 발사믹 식초, 고수, 무순으로 가니쉬한다.

RECIPE

결들임 레시피

호밀 팬케이크(Buckwheat pancake)

재료 및 분량
[1인분]

호밀가루buckwheat flour 50g, 밀가루flour 154g, 우유milk 350g, 달걀egg 1/4ea, 소금salt 소량

만드는 방법

1 재료를 잘 혼합한다.

2 그릴에서 3mm 두께로 팬케이크를 만든다.

버섯 폴렌타와 포트와인을 함께한 거위간

Pan-seared foie-gras with mushroom polenta & port-red wine sauce

재료 및 분량 [1인분]

거위간foie gras French 100g, 버섯 폴렌타mushroom polenta 35g, 느타리버섯sauteed black agaric mushroom 25g, 송로버섯sliced black truffle 2ea, 적포도주/포트와인소스red & port wine sauce 20mL, 샬롯찹chopped shallot 10g, 바질fresh basil leaf 1ea

만드는 방법

1 버섯 폴렌타는 그릴에서 갈색이 나도록 굽는다.

2 거위간을 그릴에서 갈색이 나도록 굽는다(중간 정도 익힘).

3 접시에 느타리버섯과 버섯 폴렌타를 놓고 그 위에 거위간을 올린 후 송로버섯을 올린다.

4 포트와인소스를 뿌리고, 바질잎으로 가니쉬한다.

※ p.120의 폴렌타 참조

전통 프랑스식

달팽이 요리 Traditional French style garlic herb butter snails

재료 및 분량 [1인분]

달팽이snail 40g, 생크림fresh cream 10g, 빌 주스veal jus 5mL, 홍피망 브뤼누아즈brunoise, red pimento 5g, 청고추 브뤼누아즈brunoise, green pimento 5g, 마늘버터garlic butter 25g, 샬롯찹 or 양파찹chopped shallot or onion 5g, 포카치아 크루통focaccia crouton 10g, 처빌찹chopped chervil 2g, 파슬리찹chopped parsley 1g, 소금과 후춧가루salt & ground pepper 적당량, 브랜디brandy 소량, 버터butter 10g

만드는 방법

1 달팽이는 껍데기를 제거한다.

2 뜨거운 팬에 버터를 녹이고, 채소를 볶는다.

3 2에 손질한 달팽이를 넣고 1~2분간 볶은 후 브랜디로 플람베한다. 브라운소스, 생크림, 타라곤을 넣고 5분간 끓이고 소금과 후춧가루로 양념한다.

4 달팽이 껍데기를 뜨겁게 달궈 볶은 달팽이를 올리고, 마늘버터를 채운 후 살라맨더salamander에서 갈색이 나게 하고 포카치아 크루통을 곁들여 제공한다.

NOTE

- 달팽이용 마늘버터 : 버터(butter) 100g, 파슬리찹(chopped parsley) 2g, 마늘찹(chopped garlic) 6g, 레몬주스(lemon juice) 1mL, 브랜디(brandy) 1mL, 소금(salt) 소량을 넣어 잘 혼합한다.
- 포카치아 크루통은 허브를 넣어 만든 이탈리아 빵에 마늘-버터를 발라서 갈색으로 구운 것을 말한다.

크랩케이크

Crab cake with chervil sauce

재료 및 분량 [1인분]

알라스카 왕게살Alaska king crab meat 120g, 디존 머스터드Dijon mustard 10mL, 소금과 후춧가루salt & ground pepper 적당량, 레몬즙fresh lemon juice 10mL, 우스터소스Worcestershire sauce 2mL, 마요네즈mayonnaise 60mL, 파슬리찹chopped parsley 1g, 빵가루bread crumb 50g, 정제버터 clarified butter 30mL, 비트루트 링boiled & sliced beet root ring 80g, 처빌chervil 2spring

만드는 방법

1 왕게살은 물렁뼈를 제거하고 곱게 찢어 디존 머스터드, 소금, 후춧가루, 레몬즙, 우스터소스, 파슬리, 마요네즈, 빵가루를 혼합하여 두께 1cm, 직경 5cm 크기의 왕게살케이크 2개를 성형한다.
2 밀가루, 달걀물, 빵가루를 순서대로 묻힌다standard breading procedure, paner.
3 뜨거운 팬에 정제버터를 두르고 왕게살케이크 2개를 양면이 갈색이 나도록 굽는다.
4 접시 중앙에 삶은 비트루트 링을 담고, 그 위에 왕게살케이크를 올린 후 마요네즈-처빌소스를 곁들인다.
5 신선한 처빌을 가니쉬한다.

NOTE

• 재료에 간을 하고 밀가루, 달걀, 빵가루를 묻히는 과정을 영어로 스텐더드 브레딩 프로시저(standard breading procedure)라고 하며, 불어로는 파네(paner)라고 한다.

그린 샐러드

Tossed green salad with
your choice dressing

재료 및 분량 [1인분]

양상추tear lettuce 80g, 베이비믹스baby mix 30g, 크루통bread grouton 5g

만드는 방법

1 양상추, 베이비믹스를 깨끗이 씻어 물기를 제거한 후 접시에 가지런히 담는다.
2 크루통으로 가니쉬한다.

NOTE **드레싱의 선택**

- 사우전드 아일랜드 드레싱(thousand island dressing), 이탈리안 드레싱(italian dressing), 시저 드레싱(caesar dressing) 등을 손님의 선택에 따라 제공한다.

전통적 이탈리아식

시저 샐러드

Caesar salad

재료 및 분량
[1인분]

로메인 상추tear romaine lettuce 100g, 시저 드레싱caesar dressing 60mL, 브레드 크루통bread crouton 20g, 베이컨 비트bacon bit 20g, 갈은 마파산치즈grated fresh parmesan cheese 30g, 얇게 썰은 파마산치즈shaved fresh parmesan cheese 30g, 올리브유olive oil 20mL, 소금과 후춧가루salt & ground pepper 적당량

만드는 방법

1 로메인 상추를 한입 크기로 썰어서 깨끗이 씻어 둔다.
2 믹싱 볼에 로메인 상추, 베이컨 비트, 파마산치즈 가루, 시저 드레싱을 넣고 혼합하여 시저 샐러드를 만든다.
3 접시에 시저 샐러드를 놓고, 브레드 크루통을 뿌린다.
4 3 위에 얇게 썰은 파마산치즈를 올린다.

저먼 포테이토 샐러드 German potato salad

재료 및 분량
[1인분]

감자diced potatoes 300g, 양파찹chopped onion 20g, 베이컨 비트bacon bit 20g, 쪽파chopped spring onion 10g, 비네그레트vinaigrette 20mL

만드는 방법

1 감자를 뜨거운 물에서 15분간 삶은 후 건진다.
2 양파, 베이컨 비트, 쪽파, 비네그레트를 혼합하여 삶은 뜨거운 감자를 넣고 1시간 동안 절인다.

NOTE **베이컨 비트(bacon bit)**

- 베이컨을 2~3mm 두께로 얇게 썰어 뜨거운 팬에 넣고 갈색으로 볶은 후 베이컨 기름을 제거한 것으로 고소한 맛이 난다. 샐러드와 수프 등에 가니쉬로 제공한다.

버섯 샐러드 Champignon salad with vinaigrette

재료 및 분량
[1인분]

양송이버섯cubed champignon 200g, 레몬주스lemon juice 30mL, 소금과 후춧가루salt & ground pepper 적당량, 올리브유olive oil 30mL, 비네그레트vinaigrette 30mL

만드는 방법

1 양송이버섯은 겉을 행주로 문질러 깨끗이 닦아낸다(너무 지저분하면 흐르는 물에 헹구고, 물기를 제거함).
2 양송이버섯에 소금, 후춧가루, 레몬즙, 올리브유를 바르고 200℃ 오븐에서 5~6분간 굽는다.
3 구운 양송이버섯과 비네그레트를 혼합한다.

05

전분 조리법

❶ 감자

(1) 감자의 선택과 보관

감자는 알이 굵고 형태가 균일하며 싹이 나지 않고 살이 단단한 것을 구입한다. 겉껍질이 매끄럽고 백색 또는 황색이며 눈이 얕고 육색은 백색, 분상질인 것이 좋다. 저장은 1~3℃가 적온이며 보통 온도 0~8℃, 습도 85~95%인 곳에 저장하면 좋다. 감자를 저온 저장하면 감미가 많아지는데 이것은 감자에 함유된 아밀라아제와 말타아제가 천천히 전분을 당화하여 환원당을 생성하기 때문이다. 환원당의 생성을 줄이기 위한 방법으로, 본 저장에 앞서 13~21℃에서 5~20일간 예비저장을 하면 호흡작용이 활발해져 축적된 환원당이 대부분 소비되므로 저장기간을 다소 연장시킬 수 있다. 4~6월에는 냉장고에 보관하는 것이 좋고 나머지 기간에는 종이봉투에 넣어 통풍이 잘 되는 10~18℃의 냉암소에 보관한다. 햇볕을 받으면 클로로필이 생성되어 녹색으로 변하고 쓴맛이 생긴다. 또한 씻지 않고 보관하는 것이 좋다.

(2) 감자 조리법

감자 조리법은 아주 다양한데 서양요리의 메인음식main dish에 전분요리starch dish로 사용되는 조리법은 〈표 2-5〉와 같다.

표 2-4 감자의 종류와 특징

구분	주요 품종	조리방법	특징
높은 전분 감자(high-starch potato), 분질감자	한국 감자(남작·수미·자주), 미국 아이다호(Idaho), 러셋(russets), 각종 수입냉동 감자	mashing, frying, baking	• 황갈색. 건조하고 민감한 조직이기 때문에 액체와 양념을 빨리 흡수함 • 조리 시 높은 전분질의 알갱이는 팽창하여 분리되며, 공기같이 가볍고 솜털 같은 조직을 가지고 있음 • 농후한 크림과 버터를 흡수하기 충분하게 건조한 상태로 으깬 감자 요리(매쉬 감자, mashed potato)를 만들 때 잘 어울림 • 기름진 요리나 담백한 요리에서 다른 재료들을 잘 어울리게 함
중간 전분 감자(mediumstarch potato)	유콘골드(Yukon gold)	baking, frying	• 부드러운 조직과 풍부한 향미가 장점으로, 조리 시 부스러지지 않음 • 매쉬 감자, 오븐구이 감자(baked potato)를 만들 때 전분이 낮은 감자보다 더 많은 드레싱과 양념을 흡수함
낮은 전분 감자(low starch potato), 점질감자	한국 감자(대지마), 미국 셰프 감자(chef potato), 레드스킨 감자(red-skinned potatoes)	sauteing, boiling, stewing, salad, soup	• 높은 전분감자보다 많은 수분을 가지고 있으며 농후한 조직과 얇은 껍질로 되어 있음. 감자의 모양을 유지하며 조리하고 싶을 때 선호하고, 주로 삶거나 찔 때 선택함 • 많은 수분과 농후한 조직 때문에 조리 시 다른 액체와 소스, 드레싱을 흡수하지 않고 조직과 향을 보전하며 고유의 향기가 강함. 긴 조리 시간에도 안정된 조직을 유지하기 때문에 차우더, 수프, 스튜에 많이 쓰임

표 2-5 감자 조리법 (10인분 기분)

요리명/사진	레시피
익힌 알감자, 구운 알감자 (Boiled new potatoes, Roasted new potatoes) 	**재료** 알감자 1.5kg, 소금 20g, 녹은 버터 50g, 파슬리찹 30g **방법** 1 알감자의 껍질을 벗긴다. 냄비에 알감자, 소금, 물을 붓고 완전히 익힌다. 2 체에 걸러 물기를 제거한 후, 믹싱 볼에 담아 녹은 버터, 파슬리를 뿌려 잘 혼합한다(소테 팬에 50g의 버터를 녹인 후 껍질 벗긴 감자를 넣고 황갈색이 될 때까지 소테하여 로스트 알감자를 만듦).

(계속)

요리명/사진	레시피
리옹식 감자 (Lyonnaise potatoes) 	**재료** 껍질 벗긴 감자 1.5kg, 깐 양파 400g, 버터 160g, 소금과 후춧가루 적당량, 파슬리찹 30g, 쪽파찹 30g **방법** 1 감자는 2~3mm 두께로 슬라이스하고 양파도 슬라이스한다. 2 소테 팬에 버터 60g을 녹인 후 양파를 소테해서 따로 둔다. 3 소테 팬에 버터 100g을 녹인 후 슬라이스한 감자를 넣고 연한 갈색이 날 때까지 소테한다. 소금과 후춧가루로 간하고 2를 넣은 후 황갈색이 날 때까지 다시 소테한다. 4 버터를 바른 그릇에 익힌 감자와 양파를 넣고, 쪽파와 파슬리를 뿌린다.
프렌치 프라이드 감자 (French fried potatoes) 	**재료** 껍질 벗긴 감자 2kg, 식용유 1L(튀김용) **방법** 1 감자를 1cm×1cm×4cm의 막대 모양으로 자르고 마른 행주로 물기를 제거한다. 2 160℃의 기름에 딥프라이한다. 3 180℃의 기름에 황갈색이 될 때까지 바삭하게 튀긴다. 기름을 제거한 후 소금을 뿌려 제공한다.
파멘티어 감자 (Parmentier potatoes) 	**재료** 껍질 벗긴 감자 2kg, 버터 100g, 빵가루 30g, 파슬리찹 20g **방법** 1 감자를 1cm의 정육면체로 자른다. 소금을 넣지 않은 끓는 물에 감자를 넣고 데친 후 물기를 제거한다. 2 소테 팬에 버터 100g을 넣고 황갈색이 될 때까지 익힌 후 소금을 넣어 간을 한다. 3 빵가루를 감자 위에 뿌린 후 파슬리를 뿌리고 소테 팬에서 잘 혼합하여 뜨겁게 제공한다.
해시브라운 감자 (Hash brown potatoes) 	**재료** 감자 1.5kg, 버터 200g, 소금 적당량, 쪽파 100g, 베이컨 150g **방법** 1 자루 냄비에 감자, 물, 소금을 넣고, 끓으면 40분간 삶아서 건져낸다. 2 삶은 감자의 껍질을 제거하고 3mm로 썰어서 식힌다. 3 차가운 팬에 베이컨을 넣고 3~4분간 볶은 후 버터, 식힌 감자를 넣고 으깨면서 5~6분간 볶는다. 4 열에서 내려서 쪽파를 넣고 직경 4cm, 높이 7mm로 성형한다. 5 팬에 버터를 녹인 후 성형한 감자 양면을 갈색으로 구워낸다.

(계속)

요리명/사진	레시피
베이키드 포테이토 또는 오븐구이 감자 (Baked potatoes) 	**재료** 감자 10ea(2.5kg 감자), 양파 200g, 사워크림 500g, 차이브찹 50g, 스위스치즈(shredded) 100g, 베이컨찹 100g **방법** 1 감자 10개를 손으로 문질러 물로 잘 씻는다. 2 로스팅 팬에 소금을 뿌린 후 감자를 놓고 230~250℃로 예열된 오븐에서 1시간 정도 굽는다. 3 감자 위를 2cm 길이의 십자(+) 모양으로 깊게 칼집을 낸 후 양 손가락으로 서로 밀어 낸다. 4 사워크림에 차이브, 양파, 스위스치즈, 베이컨찹을 혼합하여 함께 제공한다.
매쉬 감자와 무슬린 감자 (Mashed and mousseline potatoes) 	**재료** 껍질 벗긴 감자 2kg, 버터 50g, 우유 0.7L, 너트멕 소량, 소금 적당량 **방법** 1 감자는 소금을 넣은 물에 익힌 후 물기를 뺀다. 2 뜨거운 감자를 체에 걸러 낸다. 곱게 걸러진 감자에 버터를 넣고 잘 섞은 후 소금과 너트멕을 넣고 잘 혼합한다. 3 끓인 우유를 2에 잘 혼합하여 부드러운 크림 농도가 되도록 한다. ※ 매쉬 감자일 때는 0.7L의 우유를 넣고 무슬린 감자는 0.7L의 우유 대신에 0.5L의 끓인 우유와 0.2L의 크림을 넣도록 한다.
더치스 감자 (Duchess potatoes) 	**재료** 껍질 벗긴 감자 1.5kg, 소금 30g, 달걀노른자 5ea, 녹인 버터 50g, 너트멕 소량, 소금 적당량 **방법** 1 냄비에 감자를 넣고 물을 부은 후 소금 30g을 뿌린다. 끓기 시작해서 약 40분간 감자를 익힌다. 2 잘 익으면 물기를 뺀 후 체에 곱게 내리고 소금, 너트멕, 달걀노른자 5개를 넣어 잘 혼합한다. 3 파이핑백에 넣어 파치먼트 페이퍼(parchment paper)를 깐 시트팬에 세 번 정도 위로 올려 소라 모양을 만든다. 브러시로 녹인 버터를 감자의 표면에 칠한다. 4 220℃로 예열된 오븐에서 표면이 갈색이 나도록 굽는다.

(계속)

요리명/사진	레시피
크로켓 감자 (Croquette potatoes) 	**재료** 감자 1kg, 달걀노른자 2ea, 버터 20g, 소금 적당량, 스탠더드 브레딩 프로시저(밀가루 100g, 달걀 3ea, 빵가루 200g) **방법** 1 감자를 익힌 후 껍질을 벗겨내고, 체에 곱게 내려 달걀노른자, 버터, 소금을 넣고 잘 혼합한다. 2 1의 반죽으로 직경 1.5~2cm, 길이 5cm의 원통 모양을 만든다. 3 밀가루, 달걀물, 빵가루를 순서대로 잘 묻혀 둔다(스탠더드 브레딩 프로시저). 4 170℃의 기름에 튀긴 후 종이타월에 여분의 기름을 흡수시킨다.
그라탱 감자 (Gratin potatoes) 	**재료** 감자 2kg, 버터 30g, 다진 마늘 1ea, 생크림 0.5L, 그뤼에치즈(gruyere cheese) 100g, 파마산치즈 100g, 소금 적당량, 너트멕 소량 **방법** 1 그라탱 그릇에 버터를 바른 후 마늘을 다져 그릇에 골고루 뿌린다. 2 생크림, 너트멕, 소금, 후춧가루 혼합한 것에 2mm로 썰은 감자를 담는다. 3 버터를 바른 그라탱 몰드에 크림에 담근 감자를 채우고 치즈를 뿌린다. 4 이중탕으로 110℃ 오븐에서 45분~1시간 동안 굽는다.
감자 뇨끼 (Potato gnocchi) 	**재료** 감자 1kg, 감잣가루(potato powder) 25g, 달걀노른자 5ea, 소금과 후춧가루 적당량, 너트멕 소량, 밀가루 50g **방법** 1 냄비에 감자, 소금, 물을 넣고 약 40분간 삶는다(감자를 쉽게 으깰 수 있는 상태 유지). 2 감자의 물기를 제거한 후 껍질을 벗겨내고 고운 체에 내려서 으깬 감자로 만든다. 밀가루, 감잣가루, 달걀노른자를 넣고 잘 혼합한 후 소금, 후춧가루, 너트멕으로 양념을 한다. 3 직경 1.5cm의 둥근 원통 모양으로 길게 만들어 2cm 크기로 잘라 뇨끼를 완성한다. 4 뇨끼를 소금을 넣은 물에 넣고 삶는다(떠오를 때까지, 약 3~4분간).

(계속)

요리명/사진	레시피
윌리엄 포테이토 (William Potato) 	**재료** 감자 200g, 버터 10g, 너트멕 소량, 생크림 10mL, 정향 1ea, 스파게티면 1ea, 박력분 10g, 달걀물 15mL, 빵가루 30g, 식용유 100mL, 소금과 후춧가루 적당량 **방법** 1 감자는 찬물에 넣고 40분간 삶는다. 2 삶은 감자는 껍질을 벗겨내고, 고운 체에 내려 너트멕, 버터, 생크림, 소금, 후춧가루를 넣고 매쉬 감자를 만든다. 이때 모양을 오뚜기 모양으로 한다. 3 윌리엄 감자에 밀가루, 달걀물, 빵가루를 묻힌다. 4 바닥부분에 정향, 머리 부분에 스파게티를 꽂는다. 5 170℃ 기름에서 튀긴다.
포테이토 칩 (Potato chip) 	**재료** 감자 200g, 식용유 100mL, 소금과 후춧가루 적당량 **방법** 1 감자는 껍질을 벗기고, 1mm 두께의 링 모양으로 썬다(만도린이나 채칼 사용). 2 얇게 썰은 감자는 찬물에 담그고, 랩으로 덮어서 냉장고에 하루 동안 보관한다. 6시간에 한 번씩 물을 교체해 준다. 3 물기를 제거하고, 160℃ 기름에서 2분간 튀긴 후 170℃에서 1분간 더 튀긴다. 4 기름에서 건져서 소금을 뿌린다.

❷ 쌀

(1) 밥 짓기

쌀은 물에 담그면 물의 온도에 따라 흡수되는 양이 다르나 2시간이 경과하면 쌀 무게의 약 20~25%의 물이 흡수된다. 쌀을 불리면 쌀 전분이 호화되는 데 필요한 물의 일부를 가열하기 전에 미리 쌀 속에 배치해 두는 것이 되므로 밥을 지을 때 호화가 신속히 그리고 완전히 일어나게 되어 맛있는 밥이 된다. 잘된 밥은 수분 함량이 65% 정도로 쌀 중량의 약 2.3배가량 된다. 즉, 쌀 중량의 약 1.3배가량의 수분이 가해진 것이다. 물의 양은 쌀의 종류, 쌀의 건조 상태, 쌀의 양에 따라 약간 달라진다.

볶음밥을 위해서는 부슬부슬한 밥이 되도록 물과 쌀의 양을 동량으로 하는 것이 일반적이나 볶음밥의 스타일에 따라 조금씩 차이가 있다.

(2) 쌀 조리법

서양요리에서 많이 사용되는 밥 요리는 이탈리아의 리소토, 서양식 볶음밥인 필라프, 스페인의 빠엘라인데, 전분 요리starch dish나 메인 요리main dish로 사용된다. 리소토에 넣는 부재료로는 닭고기, 조개류, 소시지, 채소류, 치즈, 백포도주, 허브 등이 사용된다. 리소토에는 사프란, 시금치즙, 토마토소스를 넣어서 노란색, 녹색, 붉은색 리소토를 만들 수 있다. 필라프에는 채소, 고기, 가금류, 해산물과 채소를 넣어 만들 수 있는데, 인도에서는 커리를 넣어 만든다. 파엘라는 사프란을 넣어 색과 향을 내는데 고기, 해산물, 치킨, 돼지고기, 햄, 마늘, 양파, 토마토를 넣어 만든다. 두 개의 손잡이

표 2-6
밥 짓는 법

쌀	찹쌀	물	비고
2kg	200g	2,700mL	10분간 뜸들이기
3kg	300g	3,800mL	
4kg	400g	4,800mL	

표 2-7 쌀 조리법

요리명/사진	레시피
리소토 (Risotto) 	**재료** 엑스트라 버진 올리브유 50g, 다진 샬롯 80g, 다진 양파 20g, 리소토 쌀(이탈리아 Arborio rice) 900g, 백포도주 200g, 채소 육수 1.4L, 월계수잎 2ea, 파마산치즈 가루 20g, 버터 20g, 소금과 후춧가루 적당량 **방법** 1 가열한 자루 냄비에 올리브유를 두르고 양파, 샬롯을 색상이 나지 않도록 볶은 후 쌀을 넣고 2~3분간 더 볶는다. 2 백포도주를 붓고 계속 저어 주면서 수분이 모두 흡수되면 육수를 1/3씩 3회에 걸쳐 넣는다. 월계수잎을 넣고 은근히 끓는 상태(simmering)에서 15분 정도 조리한다(쌀이 4/5 정도 익으면 완성). 3 파마산치즈 가루와 버터를 넣고 마무리한다.
토마토 필라프 (Pilaf tomato) 	**재료** 쌀 1kg, 식용유 240mL, 치킨스톡 1.4L, 가람 마살라(garam masala) 8g, 월계수잎 4ea, 양파찹 200g, 청피망 브뤼누아즈(brunoise) 120g, 홍피망 브뤼누아즈 120g, 고수찹 60g, 파슬리찹 80g, 토마토주스 120mL, 토마토 페이스트 100g, 토마토 퓌레 200g, 건포도 80g, 캐슈넛찹(chopped cashew nut) 120g **방법** 1 쌀은 씻고 30분간 물에 불린 후 체에 받쳐 물기를 제거한다. 2 팬에 식용유를 두르고 양파를 넣고 볶다가 투명해지면 쌀을 넣고 쌀도 투명해지면 피망을 넣어 1분간 볶는다. 3 토마토 페이스트, 토마토 퓌레, 토마토주스, 치킨스톡, 향신료를 넣고 끓여서 밥을 짓는다. 4 건포도, 케슈넛, 고수찹, 파슬리찹을 넣고 혼합한다.
파엘라 (Paella) 	**재료** 올리브유 50mL, 양파찹 120g, 마늘찹 10g, 피망 다이스 200g, 토마토 콩카세 200g, 완두콩 150g, 살라미(sliced salmi ring) 150g, 사프란(saffron) 2g, 파슬리찹 10g, 갑오징어(squid ring) 300g, 새우(medium shrimp) 400g, 홍합(mussel) 500g, 대합조개(clam) 300g, 스톡 200mL, 백포도주 200mL, 고기육수 150mL, 쌀 1kg, 닭고기(cube chicken) 500g **방법** 1 쌀은 씻고 30분간 물에 불려서 체에 받쳐 물기를 제거한다. 2 뜨거운 팬에 올리브유를 두르고 양파, 마늘, 쌀, 살라미, 닭고기를 넣고 쌀이 투명해지도록 볶은 후 갑오징어, 피망, 토마토를 넣고 5분간 더 볶는다. 3 스톡과 사프란을 넣고 10분간 끓인 후 완두콩, 홍합, 대합조개, 새우를 넣고 뚜껑을 덮어 150℃ 오븐에서 15~25분간 조리한다. 4 필요하면 육수를 더 첨가할 수 있다.

가 있는 파엘라 냄비를 '파엘라'라고 부르기도 한다. 리소토, 필라프, 파엘라를 만드는 방법은 〈표 2-7〉과 같다.

③ 옥수수

옥수수corn는 곡류 중 저장성이 가장 좋은 것으로 가루나 캔 제품으로도 많이 사용된다. 서양요리에 자주 사용되는 옥수수 요리에는 폴렌타 갈레트와 콘플란이 있다. 폴렌타 갈레트는 이탈리아 북쪽의 주요 생산품으로, 콘밀cornmeal로 만든 것이며 첫 코스, 사이드 음식, 아침식사에 사용된다. 폴렌타 갈레트와 콘플란 조리법은 다음 〈표 2-8〉과 같다.

표 2-8
옥수수 조리법

요리명/사진	레시피
폴렌타 갈레트 (Polenta galette) 	**재료** 폴렌타 250g, 치킨스톡 1L, 버터 50g, 파마산치즈 가루 100g, 올리브유 100mL, 소금과 후춧가루 적당량, 신선한 바질(fresh basil) 15g **방법** 1 냄비에 치킨스톡과 버터를 넣고 끓이다가, 휘퍼(whipper)로 저으면서 폴렌타를 넣고 20~25분간 은근히 끓인다. 2 바질, 파마산치즈 가루를 넣고 잘 혼합한 후 쟁반(tray)에 1cm 두께로 옮겨 담고, 실온에서 식힌다. 그리고 원하는 모양대로 자른다(삼각형, 사각형, 원형 등). 3 그릴이나 팬에 넣고 양면이 갈색 나게 구운 후 제공한다.
콘플란 (Corn flan) 	**재료** 옥수수 100g, 생크림 12mL, 달걀 0.3ea, 소금과 후춧가루 적당량, 계핏가루 적당량 **방법** 1 플랑 몰드(flan mold)에 버터를 발라 냉장고에 넣어 둔다. 2 생크림, 옥수수, 생크림, 달걀, 소금, 후춧가루, 계핏가루를 혼합한다. 3 찬 플랑 몰드에 혼합물을 80% 채우고, 3cm 깊이로 물을 부어 팬에 콘 플랑 몰드를 담근 후 130~140℃ 오븐에서 30~40분간 굽는다. 4 뜨거운 전분요리(hot starch)로 사용한다.

(계속)

요리명/사진	레시피
자루옥수수 (Corn on the cob) 	**재료** 자루옥수수 1ea, 우유 100mL, 설탕 10g **방법** 1 자루냄비에 자루옥수수, 우유, 설탕을 넣고 20분간 삶는다. 2 브로일러(broiler)에서 옥수수를 갈색이 나도록 굽는다.

❹ 밀가루

슈페츨레spatzle는 독일식 수제비라 할 수 있는데 밀가루, 달걀, 물이나 우유, 소금, 너트멕을 넣고 글루텐이 생기도록 치대어 묽은 반죽batter을 만든 후 굵은 체를 통과시켜 끓는 물에 익히는 음식이다. 익은 슈페츨레에 버터를 넣고 양념을 하여 수프, 사이드 음식에 사용된다. 독일에서는 슈페츨레를 감자, 밥처럼 이용하고, 소스나 그레이비gravy와 같이 제공하기도 한다.

표 2-9
밀가루 조리법

요리명/사진	레시피
슈페츨레 (Spatzle) 	**재료** 박력분 600g, 달걀 240g, 우유 200mL, 파마산치즈 가루 400g, 너트멕 약간, 다진 허브 약간, 소금과 후춧가루 적당량 **방법** 1 밀가루는 고운 체에 친다. 2 믹싱 볼에서 밀가루, 소금, 후춧가루, 너트멕, 파마산치즈 가루, 달걀, 우유를 혼합한 후 글루텐이 형성되도록 손바닥으로 7~8분간 치대어 묽은 반죽(batter)을 만든다. 3 냄비에 물, 오일, 소금을 넣고 끓이다가, 슈페츨레용 체(sieve)에 반죽을 내린다. 4 끓으면 차가운 얼음물에 옮겨서 식히고, 물기를 제거한 후 기름을 바른다.

06

채소 조리법

서양요리에서 채소는 메인 음식에 2~3가지의 사이드 음식side dish으로 주로 사용되는데, 채식주의자vegetarian에게는 메인 음식으로도 제공할 수 있다. 채식주의자를 위한 채소요리에는 열량 보충을 위해 유제품(우유, 생크림, 치즈 등)과 달걀이 사용되기도 한다.

❶ 습열 조리 : 삶기와 데치기

초록색 채소의 색을 최대한 유지하기 위하여 끓는 물에 채소를 넣고 데칠 때 냄비의 뚜껑을 열면 휘발성 유기산이 휘발되고 유기산이 희석되어 녹색소의 변색이 최대한 억제된다. 채소를 조리하고 난 후 조리수는 수프, 소스, 고기국물소스gravy를 만들 때 사용한다.

채소 조리 시 주의사항은 다음과 같다.

- 한번에 적은 양을 조리한다.
- 각 채소마다 레시피에 제시된 시간을 준수하여 조리한다.
- 완성된 상태를 항상 체크한다.
- 채소를 소스와 함께 재조리할 경우 약간 덜 익힌다.

구분	색	유지방법
콩류(peas, beans)	초록색	뚜껑을 열고 조리하고, 빠른 시간 내에 조리하며, 산을 첨가하지 않는다.
콜리플라워(cauliflower)	흰색	변색을 방지하기 위해 약간의 주석산(cream of tartar)을 넣는다.
비트(beets)	붉은색	식초나 레몬주스를 첨가한다.
당근(carrots)	오렌지색	물 없이 조리(증기)한다.

표 2-10
채소 조리 시 색 유지방법

❷ 건열 조리 : 굽기, 볶기, 튀기기

건열조리 시 채소의 색과 특징은 다음과 같다.

구분	색과 특징
굽기(grill)	굽기는 조직을 부드럽게 하고 향미를 증진시키며, 캐러멜화가 일어난 후 단맛을 증가시킨다. 가지, 호박, 버섯, 피망은 표면이 건조되는 것을 보호할 수 있으므로 굽기에 적당한 채소이다.
볶기(sauteing)	호박이나 오이를 볶을 때 절여서 수분을 제거한 후 달구어진 팬에서 재빨리 볶아 색이 선명해지면 불을 끄고 펼쳐서 빨리 식혀야 본디 색이 누렇게 변화되지 않는다. 무국을 끓일 때 무를 살짝 볶아 매운맛 성분을 휘발시킨 후 조리하면 더 부드러워지고 단맛이 생성되어 맛이 좋아진다.
튀기기(frying)	채소의 수분 손실을 막을 수 있는 조리법으로, 소량의 기름을 넣고 조리하는 스터프라잉(stir frying)과 다량의 기름을 넣고 가열하여 일정한 온도에 달하면 식품을 넣어 익히는 딥프라잉(deep frying)이 있다. 채소에 밀가루를 묻힌 후 묽은 반죽(밀가루, 달걀, 물)에 넣고 튀길 수도 있고 밀가루, 달걀물, 빵가루를 순서대로 묻혀 튀길 수도 있다.

표 2-11
건열 조리법과 색

비쉬 당근

Vichy carrot

재료 및 분량
[15인분]

당근carrot 500g, 물water 300mL, 소금salt 3g, 버터butter 30g, 설탕sugar 5g, 월계수잎bay leaf 1ea, 검은 통후추black peppercorns 20g, 오렌지주스orange juice 50mL, 레몬lemon 1/4ea

만드는 방법

1 모든 재료를 냄비에 넣고 3~5분간 삶은 후 끓인 물에서 식힌다.

2 1인분 제공 시 팬에 삶은 당근(30g)과 삶은 물(20mL), 버터(5g)를 넣고 물기가 없고 광택이 날 때까지 졸인다.

NOTE

• 비쉬는 버터와 육수를 넣고 조리하면 수분이 증발하고 남은 버터가 당근 표면을 광택나게 하는 것으로, 지속적으로 열을 가열하거나 차가워지면 광택이 없어지게 된다.

브레이즈드 적양배추

Braised red cabbage

재료 및 분량
[10인분]

붉은 양배추sliced red cabbages 1kg, 적포도주 식초red wine vinegar 50mL, 소금salt 15g, 흰 후춧가루ground white pepper 0.5g, 황설탕brown sugar 10g, 채 썬 사과julienned apple 100g, 버터butter 25g

만드는 방법

1 붉은 양배추는 근을 제거하고 2mm 두께로 썬다.
2 사과는 껍질과 근을 제거하고 줄리엔으로 썬다.
3 믹싱 볼에 채 썬 붉은 양배추, 사과, 소금, 설탕, 후춧가루, 적포도주 식초를 교대로 올려서 하루 동안 절인다marinade.
4 팬에 버터를 녹이고 절인 붉은 양배추를 5~6분간 볶은 후 150℃ 오븐에서 10분간 조리한다.

그릴한 채소

Grilled vegetable

재료 및 분량
[10인분]

마디호박5mm thick sliced zucchini 100g, 가지5mm thick sliced eggplant 100g, 청피망green pimento 100g, 홍피망red pimento 100g, 새송이버섯5mm thick sliced sasong-I mushroom 100g, 올리브유olive oil 100mL, 발사믹 식초balsamic vinegar 80mL, 바질shredded basil 30g, 소금과 후춧가루salt & ground pepper 적당량

만드는 방법

1. 손질한 채소에 올리브유, 소금, 후춧가루, 발사믹 식초, 바질을 뿌려서 10분간 절인다.
2. 절인 채소를 건져서 300℃로 가열된 석쇠에서 격자무늬가 나도록 구운 후 다시 절여 둔다.
3. 뜨거운 그릴에 데워서 제공한다.

NOTE

• 미국에서는 피망을 bell pepper라고 하고, 영국에서는 chili pepper, red/green pepper, sweet pepper라고 한다. 또한 호주와 뉴질랜드에서는 capsicum이라고 한다. 고추는 chili, chilli로 표기하고, 파프리카(paprika)는 피망 모양으로 생겼으나 살이 두껍고 단맛이 있다.

라타튜이

Ratatoullie

재료 및 분량
[2인분]

올리브유olive oil 50mL, 양파찹chopped onion 10g, 마늘찹chopped garlic 3g, 마디호박 다이스diced zucchini 10g, 청피망 다이스diced green pimento 10g, 홍피망 다이스diced red pimento 10g, 가지 다이스diced eggplant 10g, 토마토 페이스트tomato paste 10g, 토마토 콩카세tomato concasse 20g, 토마토소스tomato sauce 20mL, 바질pinch basil 소량, 오레가노pinch oregano 소량, 월계수잎bay leaf 0.5ea, 타임thyme 소량, 소금과 후춧가루salt & ground pepper 적당량

만드는 방법

1 가열된 팬에 올리브유를 두르고 양파, 마늘, 마디호박, 피망, 가지, 허브, 토마토 페이스트를 넣은 후 2~3분간 볶는다.

2 토마토 콩카세와 소스를 넣고 소금과 후춧가루로 양념한다.

NOTE

• 프랑스 프로방스 지역에서 유래한 음식으로 가지, 토마토, 양파, 피망, 호박, 마늘, 허브를 올리브유에 볶아 뜨겁거나 차게 혹은 실온으로 제공한다. 사이드 디쉬, 전채 요리에 사용한다.

가지 파마산

Eggplant parmesan

재료 및 분량
[2인분]

가지eggplant 800g, 밀가루flour 50g, 달걀egg 4ea, 빵가루bread crumbs 200g, 식용유vegetable oil 500mL, 토마토소스tomato sauce 1L, 모차렐라치즈shredded mozzarella cheese 350g, 파마산치즈parmesan cheese 110g, 소금과 후춧가루salt & ground pepper 적당량

만드는 방법

1 가지를 세로로 1.2cm의 두께로 자른 후 소금과 후춧가루로 간을 한다.
2 가지에 밀가루, 달걀물, 빵가루를 순서대로 묻힌다standard breading procedure.
3 가지를 팬프라이pan fry한다.
4 그라탱 그릇에 토마토소스를 뿌린 후, 가지를 가지런히 놓는다. 다시 토마토소스를 얹고 모차렐라치즈, 파마산치즈를 뿌린다. 이처럼 가지, 토마토소스, 치즈를 순서대로 반복하고 맨 위가 모차렐라치즈가 되게 한다.
5 쿠킹 포일로 위를 씌워 180℃(350°F) 오븐에서 15분간 굽는다. 포일을 제거한 후 6~8분 동안 더 구워 치즈가 옅은 갈색이 되게 하고, 마지막으로 파마산치즈를 뿌린다.

가지 튀김 Breaded eggplant with tomato hondu

재료 및 분량 [5인분]

가지eggplants 500g, 우유milk 50mL, 소금salt 3g, 후춧가루ground pepper 1g, 밀가루flour 70g, 달걀beaten egg 2ea, 빵가루bread crumbs 80g, 토마토소스tomato sauce 50mL, 튀김용 식용유salad oil for deep fat frying the breaded eggplant 적당량

만드는 방법

1 가지는 3mm 두께로 썰어서 10분간 우유에 담근 후 건져 놓는다.
2 가지에 소금, 후춧가루로 양념을 하고, 밀가루를 묻힌다.
3 2를 다시 달걀에 담그고 빵가루를 묻혀서 170℃ 식용유에 튀긴 후, 토마토소스를 곁들여 제공한다.

그릴드 아스파라거스 Grilled asparagus

재료 및 분량

아스파라거스fresh asparagus 3ea, 소금과 후춧가루salt & ground pepper 적당량, 버터butter 200g

만드는 방법

1 아스파라거스 뿌리 부분 2cm는 잘라서 버린다. 큰 아스파라거스는 필러로 껍질을 벗기고 작은 아스파라거스는 껍질을 벗기지 않는다.
2 끓는 물에 소금을 넣고 아스파라거스를 30초간 데친 후blanch 차가운 얼음물에 넣고 식힌다.
3 데친 아스파라거스에 소금, 후춧가루를 뿌리고 버터를 발라 석쇠에 놓고 스토브 불 위에서 갈색이 나게 굽는다.

크리미 시금치 Creamy spinach

재료 및 분량 [3인분]

시금치spinach 300g, 생크림fresh cream 300mL, 파마산치즈parmesan cheese 50g, 샬롯찹chopped shallot 20g, 마늘찹chopped garlic 10g, 잣pinenut 10g

만드는 방법

1 시금치는 줄기를 제거한 후 물에 씻어 물기를 제거한다. 끓는 물에 데친 후 찬물에 넣어 식히고, 물기를 완전히 제거하여 잘게 다진다.
2 팬에 버터를 두른 후 샬롯, 마늘, 잣을 넣고 볶다가 시금치를 넣어서 볶는다.
3 생크림을 넣어 농도를 조절하고 소금, 후춧가루, 파마산치즈를 넣어 완성한다.

07

육류·가금류 조리법

우리나라에서 주로 식용으로 사용하는 육류meat에는 쇠고기, 돼지고기, 양고기 등이 있다. 가금류poultry는 날개가 있는 것으로 식용을 목적으로 사육하는 조류를 총칭하며 그 종류에는 닭, 칠면조, 오리, 거위, 메추리, 꿩 등이 있다.

❶ 육류와 가금류의 구분

한우韓牛는 한국에서 생산된 고기이고, 국내산 쇠고기는 외국의 소가 국내에 들어와 6개월 이상 풀을 뜯어 먹고 자란 후에 도살된 쇠고기를 뜻하며, 이는 냉동 및 냉장으로 수입되는 수입쇠고기와 구별된다. 젖소고기는 늙은 젖소를 도살한 고기로 육질이 질기고 맛이 없으며, 수소는 거세한 후에 도살하는데 육우라고 한다. 쇠고기는 나이와 성별에 따라 〈표 2-12〉와 같이 분류한다.

돼지는 〈표 2-13〉과 같이 분류되는데 거의 모든 부위가 사용되며, 돼지기름lard 및 손질할 때 나오는 재료trimming와 내장류는 소시지에 사용된다. 돼지고기는 베이컨이나 햄과 같은 육가공품 생산에 사용되며, 신선한 돼지고기 자체로도 이용된다.

양고기는 나이에 따라 육질이 달라지는데, 〈표 2-14〉와 같이 구분할 수 있다. 양고기를 많이 먹는 지역은 미국, 유럽, 지중해, 아프리카, 중동, 남아시아, 중국 등이며, 우리나라에서는 수입에 의존하고 있다. 24개월 이상 된 양을 'mutton'이라고 하는데 겨울을 지내면서 체지방이 많아져 양고기 특유의 누린내를 풍긴다.

표 2-12 소의 성별과 나이에 따른 명칭(미국)

구분	명칭	성별과 나이	특징
소	steer	• 어려서 거세한 수소(male, castrated)	• 체중 증가가 빠름
	stag meat	• 거세하지 않은 수소(male, not castrated)	• 질긴 육질 • 가공육이나 애완동물의 사료용
	heifer	• 송아지, 새끼를 낳지 않은 암소(female, has not calved)	• 식육으로 사용
송아지	bob veal	• 3주 이하 • 70kg 이하	• 담백함 • 부드러운 육질
	veal	• 3주~3개월 • 70~180kg	• 성대에 스위트브레드(sweet bread)가 있음 • 색상은 흰색과 분홍색(white & pink)을 띔 • 부드러운 육질
	calf	• 3~8개월 • 80~360kg	• 우유 향미 • 색깔이 옅음 • 부드러운 육질

자료 : Brown A.(2008) Understanding food. Thomson Wadsworth. p.119와 Meat Identification & Fabrication courseguide, CIA Courseguide, 2002로 재구성함.

표 2-13 돼지의 성별과 나이에 따른 명칭(미국)

명칭	성별	나이	무게
suckling pig	젖을 먹는 아기 돼지	1~2개월	7~16kg
barrow	거세한 수퇘지(male castrated)	7~9개월	77~86kg
boar	새끼를 낳지 않은 암퇘지(female, never had litter)	7~9개월	77~86kg
sow	거세하지 않는 수퇘지(male, breeding stock)	–	180kg 이상
gilf	새끼를 낳은 암퇘지(female, after having a litter)	–	180kg 이상

자료 : Meat Identification & Fabrication courseguide, CIA Courseguide, 2000.

표 2-14 양의 나이에 따른 명칭(미국)

명칭	나이	무게
lamb	12개월이상	41kg 이하
yearling	18~24개월	54kg 이하
mutton	24개월 이상	54kg 이하

자료 : Meat Identification & Fabrication courseguide, CIA Courseguide, 2002.

표 2-15 우리나라의 닭 분류 기준과 용도

연령(개월)	무게(kg)	용도
2~3	1.0 이하	통구이, 삼계탕
3~5	1.0~1.5	튀김
5~10	1.5 이상	찜, 구이

표 2-16 미국의 닭과 가금류 분류 기준과 조리방법

구분	분류	연령	무게	조리방법
닭	broiler	4~6주, 영계	906g	브로일
	fryer	6~10주	1.4kg	로스트, 그릴, 브로일, 소테
	roaster : use either sex	3~5개월	3.6kg	로스트
	fowl(stewing hen) : female	10개월 이상	3.6kg	수프, 육수용
	pouisson	영계	453g	로스트(통째)
	rock cornish hen	5~7주	906g	로스트(통째, 반쪽)
	capon(거세한 수탉)	10개월 이상	3.6kg	수프, 육수용
기타 가금류	hen turkey : female(칠면조)	5~7개월	3.6~7.2kg	로스트
	tom turkey : male(칠면조)	7개월 이상	9kg	로스트
	broiler duckling(오리)	8주 이하	1.8~2.7kg	로스트
	roaster duckling(오리)	12주 이하	–	로스트
	goose(거위)	6개월	3.6~7.2kg	로스트
	squab(비둘기)	25~30일	300~500g	로스트
	pigeon(비둘기)	2~6개월	–	로스트
	pheasant(꿩), quail(메추리)	–	–	로스트

자료 : Meat Identification & Fabrication courseguide, CIA Courseguide, 2002.

우리나라에서는 닭을 〈표 2-15〉와 같이 1kg 이하의 삼계탕용, 튀김용, 찜용으로 구분하여 판매하고 있는데, 미국에서는 〈표 12-16〉과 같이 나이와 무게에 따라 구분해서 판매한다.

❷ 육류와 가금류의 조리

육류를 조리하는 이유 중 한 가지는 날고기에는 함유되어 있지 않은 맛을 만들어 내기 위함이다. 열을 받아 갈색으로 된 지방이나 즙은 단백질을 안정시키고, 조리되지 않은 고기에 건조한 열을 가하게 되면 즙은 밖으로 밀려나가고 육질은 안정되며, 표면은 갈색으로 변화여 새로운 맛을 만들어 낸다는 것이다.

(1) 조리하는 육류의 기본 조건

유연도(결체조직의 종류 및 양)

고기의 연함, 질김에 따라 조리하는 방법, 즉 습열, 건열의 선택이 달라진다.

지방 함유량 및 그 분포 상태

지방 함유량이 많으면 로스팅, 브로일링하고 지방 함유량이 적으면 딥프라잉한다.

두께

두꺼우면 저온에서 장시간 조리하고, 얇으면 고열에서 단시간 조리한다.

(2) 육류 조리를 위한 준비작업

바딩/라딩

기름기 없는 육류의 표면을 지방fat으로 감싼 후 기름이 많은 부분이 위를 향하게 하여 로스팅roasting하는 동안 베이컨 또는 얇게 썬 지방 조각을 덮는 것이 바딩barding이고, 육류에 지방을 삽입하는 것을 라딩larding이라 한다. 라딩 튜브larding tube를 이용해 살코기 가운데에 지방, 채소 등을 삽입하여 건열에서 조리 중 고기 내부의 수분을 유지하고 감칠맛을 향상시킨다.

베이스팅

베이스팅basting은 건열에서 조리 시 수분의 증발로 고기의 표면이 마르는 것을 방지하기 위해 30분마다 자체의 육즙을 표면에 끼얹는 방법으로, 향미 부여와 육질의 건조 방지에 효과가 있다.

시어링

- 시어링의 목적 : 조리하는 과정에서 육즙이 누출되는 것을 방지하기 위해 뜨거운 오븐 혹은 뜨거운 기름, 뜨거운 그리들hot griddle에서 고기의 표면을 갈색화시켜 세포의 기공을 막는 것
- 시어링 방법
  - 오븐을 이용한 방법 : 가금류의 표면에 버터를 바른 후 290℃(550°F)의 오븐에서 표면이 갈색화golden brown되면 낮은 온도에서 장시간 조리하는 방법으로 덩어리가 큰 칠면조whole turkey, 많은 양의 닭whole chicken을 로스팅할 때 편리하다.
  - 뜨거운 기름을 이용한 방법 : 식용유를 200℃로 가열하여 뜨거운 기름을 닭의 표면에 끼얹어 닭의 표면이 갈색화되면 낮은 온도의 오븐에서 조리하는 방법으로 확실한 갈색을 얻기에 좋으며 닭, 오리 등에 많이 활용되고 있다.
  - 뜨거운 그릴을 이용한 방법 : 표면이 평편한 쇠고기 등심은 뜨거운 그릴grill or griddle을 이용하여 갈색화한 후 낮은 온도의 오븐에서 고기를 익히는 방법으로 한번에 많은 양을 쉽게 시어링할 수 있다.

(3) 육류 조리 시 변화

육류의 조리 시 다음과 같은 변화가 타나난다.

- 색이 변화한다.
- 향미가 변화한다. 고기 가열 시 고기 속의 단백질이 분해되어 케톤, 알코올, 휘발성 아민, 그 외 황화합물이 구수한 맛을 생성한다.

- 근육의 질감이 변화한다. 질긴 부위는 장시간 끓이면 콜라겐collagen이 젤라틴화하여 고기는 연하고 부드러워진다. 그리고 근원섬유 단백질이 연성, 응고되어 질겨질 수 있으므로 육류를 조리하여 적절한 겔gel을 얻는 데는 콜라겐의 연화와 근원섬유의 경도가 높아지는 한계가 중요하다. 따라서 육류 조리는 일반적으로 낮은 온도에서 장시간 진행하는 것이 바람직하다.

(4) 육류의 조리 정도 판별법

육류의 조리 정도를 판별하는 방법은 육류 온도계meat thermometer를 이용하여 육류의 내부 온도를 체크하는 측정법, 육류로부터 누출되는 육즙의 상태 및 색상에 의한 측정법, 조리온도와 개략적인 소요 시간에 의한 측정법, 손가락으로 눌러서 육질의 탄력 정도를 체크하는 측정법, 열전도성이 높은 얇은 동바늘을 찔러 그 온도를 판별하는 방법 그리고 육류 표면의 갈색화 정도에 의한 측정법이 있다.

- 열전도성이 높은 얇은 동 바늘을 찔러 그 온도를 판별하는 방법 : 열전도성이 높은 동바늘의 온도가 윗입술과 같은 온도이면 미디엄 레어, 아랫입술과 같으면 미디엄으로 판별하는 방법이다.
- 육류 표면의 갈색화 정도에 의한 측정법 : 1인치 두께의 스테이크를 구울 때 먼저 조리를 시작한 것이 갈색이 더 진하다는 것에 착안한 경험적인 판별법으로, 손으로 눌렀을 때의 감촉에 의한 판별법을 병행하여 사용된다. 표면을 찔러서 흠집을 내지 않음으로써 육즙의 상실을 최소화할 수 있다는 장점이 있다.
- 육류별 웰던 정도meat's well done
  - 쇠고기red meat : 71℃(160°F)
  - 송아지고기veal : 74℃(165°F)
  - 돼지고기pork : 79℃(175°F)
  - 가금류poultry : 85℃(185°F)
- 〈표 2-17〉은 가열온도에 따른 육류의 내부 온도와 색, 로스팅 시간, 터치테스트

표 2-17 육류의 조리 정도 판별법

가열온도	내부 온도	육질 색	육즙	로스팅 시간	터치테스트
베리 레어 (very rare)	40~45℃	선홍색	따뜻함	18~20분/500g당, 추가 10~15분 휴지	부드러운 감촉
레어 (rare)	40~45℃	선홍색	따뜻함	20~25분/500g당, 추가 10~15분 휴지	부드러운 감촉
미디엄 레어 (medium rare)	55~60℃	연분홍색	진분홍색	25~30분/500g당, 추가 10~15분 휴지	부드러우면서 손을 떼면 회복
미디엄 (medium)	60~65℃	분홍색	연분홍색	30~35분/500g당, 추가 10~15분 휴지	
미디엄 웰 (medium well)	65~70℃	분홍색-회색	일부 맑음	35~40분/500g당, 추가 10~15분 휴지	딱딱한 감촉
웰던 (well done)	70~75℃	밝은 회색	맑음	40~45분/500g당, 추가 10~15분 휴지	
베리 웰던 (very well done)	75~80℃	회색	맑음	45~50분/500g당, 추가 10~15분 휴지	매우 딱딱한 감촉

touch test 결과를 나타낸다.

(5) 육류 온도 측정 시 주의사항

순수한 살코기로 된 큰 덩어리 고기는 가장 두꺼운 부위의 중앙에 온도계를 도달시켜서 측정하고, 뼈가 있는 티본스테이크T-bone steak의 경우에는 고온 조리로 뼈의 열전도율이 낮아 뼈와 접하는 부위는 칼집을 넣어 조리가 용이하도록 하는 조치가 필요하며, 프라임립whole prime rib은 조리 시 낮은 온도에서 장시간 구워서 뼈 부위의 온도가 내부 온도보다 높아지기 때문에 살코기 부위를 측정해야 한다. 그리고 통칠면조와 닭의 가슴살 부위, 다리 안쪽 부위를 확인해야 한다. 또한 육즙이 맑은 물처럼 흐르는 경우에도 완전히 익은 것으로 판단한다.

❸ 육류와 가금류 조리법

(1) 건열조리법

그릴링과 브로일링(굽기)grilling & broiling

220~260℃의 온도에서 육즙이 누출되는 것을 방지하기 위해 시어링searing을 한 후 온도를 150~200℃로 낮추고 마무리 조리를 실시하는데, 석쇠나 철판은 완전히 달구어야 먹음직스럽고 음식이 눌어붙지 않게 격자무늬로 구울 수 있으며, 열이 낮으면 음식물이 눌어붙는다.

조리할 수 있는 재료에는 찹chop(갈비뼈가 붙은 등심), 커틀릿cutlet, 등심sirloin, 스테이크steak, 소시지sausage, 샤토브리앙chateaubriand, 가금류poultry, 갑각류shellfish 등이 있다. 일식 철판구이를 '데판야끼'라고 하며 채소, 생선, 고기 등으로 손님 앞에서 여러 가지 요리를 직접 할 수 있어 인기 있는 조리법 중 하나이기도 하다.

브로일러는 언제든 사용할 수 있도록 청결하게 유지되어야 하며, 조리 시 눌어붙은 고기 조각들은 적절한 도구를 사용하여 긁어내야 한다. 또한 그릴에 붙어 있는 기름통은 수시로 제거해야 하고, 순한 세척제를 사용한 청소가 매일 실시되어야 한다.

로스팅rotir ; roasting

조리 온도는 150~177℃이며 오븐, 밀폐된 공간 내, 건조한 대류열을 이용하는 조리 기술이다. 조리하는 과정 중 뚜껑을 덮지 않고, 바닥에 선반rack이나 채소를 받쳐서 조리하는 고기가 물이나 소스에 직접 닿지 않도록 한다. 그리고 지방이 많은 고기는 지방이 위쪽으로 향하게 하여 조리 중에 지방이 녹아 스며들 수 있게 하고, 지방이 부족한 프라임립prime rib, 꽃등심rib eye, 등심sirloin, 럼프 로스트rump roast, 칠면조 turkey 등의 고기는 지방을 덮어서 조리하기도 한다.

조리하는 중간에 음식물이 건조되는 것을 방지하기 위하여 조리과정에서 고기로부터 누출된 기름과 즙au jus을 30분마다 한 번씩 끼얹는다.

고기는 실내 온도를 유지했다가 익히는데, 고기의 육즙이 빠지는 것을 막기 위해

고기가 갈색이 나도록 시어링을 한 후 낮은 오븐에서 계속 조리한다.

- 오븐 장비
  - 데코오븐deco oven : 다리가 있으며, 큰 덩어리 고기를 굽기에 적합한 오븐으로, 일정한 온도로 조리가 가능하다는 장점이 있다.
  - 알토삼오븐alto-sam oven : 저온에서부터 고온까지 조리가 가능한 오븐으로, 내부 온도 30℃에서 장시간 조리가 가능하며 육즙의 상실을 최소화할 수 있다. 덩어리가 크고 질긴 부위의 쇠고기를 낮은 온도에서 조리하면 연한 고기를 조리한 것과 같은 효과를 얻을 수 있다.
  - 컨벡션오븐convection oven : 오븐에 팬fan이 부착되어 있어 바람으로 내부의 온도를 유지시키며 현재 개량된 오븐은 건열, 습열, 건열 및 습열 혼합 조리가 가능하고 찌기, 데치기, 로스팅 등 다목적 기능이 있다.
  - 우드버닝 피자오븐wood burning pizza oven : 오븐의 내부 온도가 260℃ 이상으로, 대류가 잘 이루어지도록 돔 구조로 되어 있으며 화산석으로 만들어져 피자 굽기에 적합하게 설계되어 있다. 가스와 참나무 장작을 혼합하여 불을 지펴 참나무 향이 피자에 스며들게 하기도 한다.
- 로스팅roasting 시 주의사항
  - 로스팅 과정 중 필요 이상의 고온에서 육질이 수축되고 건조해지지 않도록 주의하며, 덩어리가 큰 고기는 조리를 완성하여 실온에 보관하더라도 추가 조리carry over cooking가 계속 진행되므로 휴식시간resting time을 감안하여야 한다.
  - 오븐은 175℃(350°F)로 예열한다.
  - 조리를 위한 식품의 조리표는 개략적인 조리시간을 고려하고, 내부 온도를 측정하면 효율적이다.
  - 로스팅은 건열법으로, 물이 없어야 하고, 조리하는 고기 위는 덮개를 씌우지 말아야 한다.
  - 로스팅 중에 주 재료가 기름fat이나 주스jus에 닿지 않도록 건열을 유지해야 하며, 뒤집거나 꺼낼 때 포크fork 등을 사용하면 구멍에서 육즙이 누출되므로 집게tong

를 사용하는 것이 좋다.

- 조리 정도, 재료의 상태, 해빙·냉동, 무게, 고기의 모양과 두께, 오븐의 효율적인 온도 등을 고려하여 조리한다.

NOTE **오버 쿠킹**

- 오븐에서 꺼낸 후에도 스테이크가 침투된 열에 의해 계속해서 조리가 진행되는 현상을 말하는 것으로 덩어리가 큰 스테이크는 원하는 익힘 정도에 도달하기 한 단계 전에 내부 온도를 확인하고 오븐에서 꺼내야 한다. 오븐에서 꺼낸 후 약 5~15분 정도 내부 조리가 계속된다.

그라티네이팅gratiner ; gratinating

조리온도는 250~300℃이며, 음식물의 표면에 지방 또는 지방이 함유된 버터butter, 빵bread, 마요네즈와 케첩mayonnaise & ketchup, 홀랜다이즈소스hollandaise sauce, 베어네이즈소스bearnaise sauce, 베샤멜소스bechamel sauce, 각종 치즈류와 생크림, 달걀 등을 뿌려서 색을 내거나 조리할 필요가 있을 때 사용되며, 살라맨더나 오븐salamander or oven에서 익히는 조리방법이다.

소테saute ; sauteing

소테 조리법의 특징은 팬의 기름과 식품에서 나온 즙의 맛이 조화 있게 합쳐져 음식의 맛을 증가시키며, 소테는 팬을 높은 온도로 가열시켜 조리하기 때문에 얇게 자른 고기, 가금류, 생선, 채소, 감자, 찹chop, 등심sirloin, 스테이크steak, 연한 살코기 조각, 채소, 과일 등을 재빨리 조리하여 향미를 유지시키는 데 적당하다.

소테는 최소 지방 또는 오일을 얕은 팬에 넣고 음식을 재빨리 조리하거나 재가열하는 건열 조리방법이다. 팬을 스모킹 포인트smoking point로 뜨겁게 가열한 후 식재료를 넣어 조리하면 식재료의 알맞은 색상을 얻은 후 온도를 낮춰 균일한 조리가 가능하다. 그러나 조리과정 중 지방이나 오일의 온도가 낮으면 식재료에 지방이 흡수되고 결과적으로 품질이 떨어지는 음식이 된다.

- 조리 온도 : 160~240℃

- 조리장비 : 그리들griddle을 자주 이용한다.
- 스웨팅sweating : 소테의 다른 형태로 볶는 과정에서 식재료에 색상이 나지 않도록 은근히 볶는 기술이다. 약한 불에서 팬에 뚜껑을 덮거나, 또는 많은 양의 식재료를 한꺼번에 팬에 넣어 할 수 있는 것으로 연한 색상의 채소 퓌레 수프vegetable puree soup 조리 시 채소가 색상이 나지 않도록 볶음으로써 단맛을 배가시키기 위해 사용하는 것이 바람직하다.
- 스터 프라잉stir-frying : 조리 시 웍wok을 사용하여 볶는 것으로 소량의 기름을 웍에 넣고 강한 불 위에서 작은 조각의 식재료를 재빨리 볶아내는 것이다. 주로 동양요리에 사용된다.

팬 프라잉pan frying

160~220℃로 뚜껑을 덮지 않고 조리하며, 고온을 유지하는 지방이나 기름에 주 재료가 1/4~1/2 정도 잠기게 하는 조리법이다. 육질이 부드러운 1인분의 송아지고기, 돼지고기, 닭고기, 해산물, 채소, 전분starch 요리에 적합하다. 그리고 고온에서 조리를 하면 재료가 탈 수 있으므로 밀가루나 묽은 반죽 옷batter coating을 입혀 갈색이 나도록 양쪽 면을 익힌 후 건져서 흡수지에서 기름을 제거하고, 필요하면 오븐에서 마무리 조리를 한다.

튀김frying ; deep fat frying

조리온도는 160~180℃이며, 뚜껑을 덮지 않고, 발화점이 높은 식용유salad oil를 사용하며, 조리 전에 재료를 해동(단, 냉동감자와 새우는 제외)하고 습기를 최소화해야 한다. 기름은 가열하는 데 시간 소요가 많으므로 93℃로 예열한다.

튀김으로 상실된 비타민 C 보충을 위해 레몬, 타르타르소스tartar sauce, 레물라드소스remoulade sauce 등을 곁들여 제공하기도 한다.

- 튀김의 특징 : 물보다 조리하는 시간이 단축되고, 단단한 식품의 조직을 연하게(연화작용) 한다. 또한 수분, 단맛의 유출을 막고 기름을 흡수함으로써 향미와 색감을

좋게 하고 식욕증진, 비타민 B군의 손실과 영양가 손실이 적으며 고기의 비린내를 제거할 수 있다.

- 튀김의 껍질 : 튀기기 전에 색상, 맛, 향 등의 첨가를 위해 밀가루flour 또는 빵가루bread crumb나 튀김 반죽batter을 입혀서 튀김을 한다.
  - 빵가루 묻힘breaded : 밀가루를 묻히고, 달걀물에 담근 후 빵가루를 묻힘standard breading procedure ; paner
  - 이탈리아식 묽은 반죽frito misto : 밀가루, 우유, 이스트yeast, 달걀, 거품을 낸 달걀 흰자whipped egg white를 혼합
  - 영국식 묽은 반죽fish & chip : 밀가루, 달걀, 맥주beer를 혼합
  - 일본식 튀김tempura : 달걀노른자, 얼음, 중수를 혼합
  - 밀가루만 묻혀서 튀김을 하는 경우도 있다. 단, 이때 밀가루는 중력분을 사용한다(강력분은 흡수된 물이 글루텐망 구조 내에 결합되어 물 증발이 곤란함).
- 기름 온도에 따른 튀김 내용물 현상
  - 160℃ 이하 : 바닥에 가라앉은 후 떠오름
  - 170℃ : 젓가락을 넣으면 거품이 일어남
  - 170~180℃ : 바닥 근처까지 가라앉고 떠오름
  - 190℃ : 조금 가라앉은 후 떠오름
  - 200℃ : 가라앉지 않고 표면에 흩어짐
- 튀김 관리 : 튀김 표면에 오일이 흡수되는 것을 방지하기 위해 오일이 잘 빠지게 해야 하고, 튀긴 음식에 간을 할 때는 오일을 충분히 뺀 후에 하는 것이 좋다. 또한 튀긴 음식은 즉시 제공해야 바삭바삭한 식감과 뛰어난 양질의 음식으로 평가받을 수 있다. 만약 튀긴 음식을 보관하고자 한다면 뜨거운 오븐에 보관해야 튀김 고유의 바삭바삭한 식감을 유지할 수 있고, 눅눅해지는 것을 방지하기 위해 커버를 하지 않고 격자 선반rack 위에 올려서 보관하는 것이 좋다.
- 리커버리 시간recovery time 계산 : 리커버리 시간이란 튀김을 할 때 식재료를 기름에 넣으면 일시적으로 낮아진 튀김온도가 다시 조정해 놓은 온도로 회복되는 데 소요되는 시간이다. 전용 튀김기는 팬에서 튀기는 것보다 더 짧은 리커버리 시간을

가지고 있어 보다 효율적이긴 하지만 아직은 편리함과 적당한 양의 기름 사용을 위해 팬에서 튀기는 것이 더 좋다.

- 셸로우 프라잉shallow frying : 식재료가 기름의 1/2~1/3만 잠기게 하여 180~190℃로 조리하는 방법으로, 식재료를 기름에 넣고 바닥 면이 황금색이 날 때까지 튀긴 후 뒤집어서 다른 한 면 역시 황금색이 나도록 익히는 것이다. 그리고 두꺼운 재료는 오븐에 넣어 마무리 조리를 실시한다.
- 튀김 시 주의사항
  - 빵가루가 너무 많이 묻었으면 흔들어서 불필요한 빵가루를 제거하고 조리한다.
  - 소금은 기름의 적이니 온도 확인을 위해 뿌리지 않는다.
  - 습기 또한 기름의 적이기 때문에 최대한 제거한다.
  - 사용하지 않는 튀김기는 93℃(200℉)로 예열한다.
  - 튀김 시 기름이 넘치는 것을 방지하기 위해 튀김 바스켓basket을 사용한다.
- 사용한 튀김 기름 보관법 : 서늘한 곳(온도 10℃ 상승 시 2~3배 산패 촉진)의 냉·암소에서 빛 차단효과가 있는 갈색병에 보관하며, 이물질은 수시로 제거(발열이 낮아지는 것 예방)해 준다. 또한 표면적이 작은 원통형 용기를 사용하면 산패 방지에 도움이 되며, 금속병은 피하는 것이 좋다.
- 튀김용 기름 교체 시기
  - 기름에 연기가 날 때excessive smoking
  - 기름이 음식물에 너무 많이 묻을 때greasy food
  - 좋지 않은 냄새가 날 때off-flavor development
  - 튀김 기름에 많은 거품이 발생할 때excessive foaming
  - 기름의 색상이 변할 때discoloration fat

표 2-18
유지의 발화점

유지	면실유	채유	옥수수유	대두유	올리브유	낙화생유	참기름	동백유
발화점	233℃	225℃	216℃	208℃	167~175℃	149~162℃	149℃	142℃

(2) 습열 조리법

브레이징과 스튜잉braising & stewing

브레이징은 찜과 비슷한 조리법으로 간접열을 사용한 오븐에서 조리 시작 온도는 140℃이며, 육질이 연해진 후 졸이는 온도는 160℃로 하여 소스가 자작자작한 상태에서 농후제를 넣는다.

질긴 육류를 익히는 방법으로 팬에 미르포아mirepoix를 깔고 소스나 즙 속에 넣어 장시간 오븐에서 천천히 익히는 조리법이다. 붉은 고기는 높은 온도에서 기름을 넣고 빠르게 갈색화시켜, 기름을 따라내고 고기 위에 적포도주red wine, 마리네이드marinade를 팬의 1/4가량 부어 브레이징을 하면서 고기를 뒤집어 준다. 육수는 졸인 후 걸러서 고기 위에 끼얹고, 고기가 연해질 때까지 뚜껑을 덮지 않고 200℃에서 브레이징을 실시한다.

스튜잉은 간접열을 이용한 것으로 고기를 넣고 뚜껑을 덮은 후 낮은 온도에서 소량의 소스를 넣고 120~140℃에서 조리한다.

- 브레이징과 스튜잉 시 주의사항
  - 브레이징과 스튜잉은 시머링으로 조리한다Simmer braised and stewed dishes ; do not boil.
  - 브레이징은 조리액체 표면에 거품이 터지도록 온도를 유지한다In braising, leave some of the surface of the meat exposed above the liquid.
  - 끓이는 과정에서 발생하는 불순물은 수시로 제거한다Skim off fat from juices to be

표 2-19 브레이징과 스튜잉의 차이

브레이징	스튜잉
큰 덩어리의 질긴 고기 사용	질긴 고기를 작은 조각(cube)으로 썰어 사용
액체로 2/3만 덮음	액체로 완전히 덮음
조리용 액체로 와인, 육수 또는 소스 사용	조리용 액체로 고유 주스, 와인, 육수, 소스 사용
오븐 안에서 간접 열을 이용하여 조리(pan)	스토브 위에서 직접 열을 이용하여 조리(or oven)
고기와 같이 브레이징한 음식을 얇게 썰어 제공	썰지 않고 제공
조리 액체는 농도를 맞춘 후 체에 걸러 소스로 사용	조리 액체는 간을 하고 스튜와 같이 제공

used for sauces and gravy.

- 브레이징과 스튜잉 요리에는 색상 채소를 곁들인다Serve braised and stewed dishes with colorful vegetables.
- 뜨겁게 제공한다Serve both piping hot.

블랜칭blanching

끓는 물에서 뚜껑 없이 조리하는 방법으로, 기름을 이용할 경우 130℃가 적당하다. 고기류의 나쁜 냄새를 제거하고 조직을 연화시켜 연하게 하는 데 사용한다. 뜨거운 기름에 블랜칭하는 재료는 생선, 채소, 감자이다. 물 또는 기름과 재료의 비율은 10 : 1로 하는데, 많은 양의 끓는 물에서 채소와 감자를 블랜칭하면 재료의 기공을 닫아 색과 영양이 보존된다. 블랜칭 후, 찬물에 넣어 빨리 식혀 냉장보관하면 채소와 감자의 기공을 닫아서 색과 영양을 보존할 수 있다. 또한 찬물에서 서서히 조리하는 방법은 뼈나 자른 고기, 절인 고기, 햄 등의 조리 시 표면의 불순물을 제거하고 향을 내며 강한 맛을 줄인다.

시머링simmering

85~93℃의 액체 속에 음식물이 완전히 잠긴 상태에서 천천히 조리하는 것으로 소스를 졸이는 데reduce 간단히 이용되며 생선과 같이 좋은 육질을 가진 식자재를 데치는blanching 데 실용적인 방법이다. 또한 육수나 소스stock & sauce의 색상을 맑게 만드는 과정에서 많이 이용한다.

시머링 시 유의사항은 다음과 같다.

- 시머링은 끓어서는 안 된다Simmer, do not boil.
- 높은 냄비를 사용한다Use a high-side pot.
- 물이 내용물을 덮을 수 있도록 한다Cover items with water.
- 물이 끓으면 온도를 낮춰 시머링을 유지한다Bring water to a boil and then reduce heat so that it simmers.

- 조리 정도를 확인한다Test for doneness.

보일링bouillir ; boiling

물, 육수, 채소 육수 등의 액체가 끓기(100℃) 시작하면 식재료를 넣고 조리하거나, 상태에 따라서 찬물에서 뚜껑의 있고 없음을 불문한다. 그러나 100℃의 액체에서 가열 중 식품을 연하게 하고 맛이 들게 한다.

- 뚜껑이 있는 차가운 물 : 표면이 거칠거나 딱딱해지는 것을 막고 골고루 익게 하는 데 필요하며 감자, 건조채소, 뼈 등이 대표적이다.
- 뚜껑이 있는 끓는 물 : 빠른 조리가 이루어지며 비타민, 무기질, 색상 보존이 필요한 채소에 사용한다.
- 뚜껑이 없는 끓는 물 : 파스타pasta나 쌀rice의 껍질에 있는 전분이 젤라틴화되고 서로 붙는 것을 예방한다.
- 뚜껑 없이 끓이는 물과 스톡 : 끓으면 시머링을 유지하고 조리하는 방법으로 기공을 닫기 위해 높은 온도 후 낮은 온도에서 조리한다. 쇠고기, 송아지고기, 양고기, 닭고기의 데침 등에 사용한다.
- 보일링은 종종 부분 조리 또는 생식자재를 데치기 위해 이용한다.

포우칭pocher ; poaching

- 폰드fond 속에서 70~80℃의 액체를 이용한 조리법으로 물에 잠기게 하고 뚜껑은 덮지 않는다.
- 포스미트forcemeat, 스터핑stuffing, 푸딩pudding, 필링filling, 감자, 채소, 팀벌timbale, 스위트sweet, 로얄royal을 중탕으로 익힐 때 내부 온도를 65~80℃로 유지하며 내용물을 젓지 않는다(온도가 높으면 기공이 발생함).
- 크림cream, 스펀지sponge, 소스sauce를 중탕으로 익힐 때 내부 온도를 60~80℃로 유지하며 내용물을 저어 준다.
- 은근히 조리함으로써 음식물 건조 방지 효과가 있으며, 80℃ 이상에서 조리하면 알

부민이 손실된다.

- 쇠고기 또는 닭육수나 채소육수를 사용하는데, 생선은 황산지로 덮고, 가금류는 소량의 액체로 덮는다.
- 포도주를 이용하여 익히는 경우에는 적은 양의 액체를 사용하고, 식품 형태가 변하지 않도록 주의한다.
- 포우칭 시 유의사항
  - 포우칭은 끓지 않게 한다Poach, do not boil.
  - 다루기 쉬운 평평한 팬에서 한다Use flat pan to make handling of delicate items easier.
  - 포우칭 후 남은 육수는 음식을 만드는 데 활용한다Use a poaching liquid that is appropriate to food.
  - 포우칭하는 내용물이 육수에 잠기도록 한다When poaching in liquid, use just enough so that top surface of food is exposed.
  - 포우칭할 때 뚜껑을 덮지 않거나 살짝 덮는다Cook uncovered or lightly covered.
  - 오버쿠킹을 예방하기 위해 자주 확인한다Check frequently to prevent overcooking.
  - 조리 정도를 챙긴다Test the doneness.

글레이징glacer ; glazing

시작 온도는 170℃이고, 마무리 온도는 220℃이다. 백포도주white wine, 브라운스톡brown stock으로 졸이거나 글레이징하는 방법으로 팬의 1/6이 차도록 육수를 붓고 브레이징이나 글레이징을 한다. 백포도주를 넣고 고온에서 브레이징한 후에 소스를 거르고 지방은 제거한다. 서양요리에 주로 활용하는 조리법으로 오븐이나 살라맨더에서 색을 내거나, 윤기가 반짝 나게 하는 방법이다.

- 흰색 고기와 가금류 : 송아지 어깨살, 도가니, 뿔닭poularde, 칠면조, 닭
- 채소 : 소량의 액체, 설탕, 버터, 채소(당근·무·작은 통양파·밤 등)를 넣고 액체를 졸여 표면에 광택이 나게 하는 조리법
- 글라세glacer가 불어로 ‘얼음’을 뜻하는데 얼음처럼 윤기가 나야 한다.

④ 스테이크의 분류

(1) 안심 스테이크(tenderloin steak)

지방으로 감싸져 있어서 부드러운 스테이크를 상징하며, 1개의 무게는 3kg 정도이고 정형하면 2.5kg 정도로 한 마리의 소에서 약 2%만 얻을 수 있다. chateau criand는 안심 중에서 가장 연하고 부드러운 부위이다.

(2) 등심 스테이크(sirloin steak)

소의 갈비 위에 있는 부위로 약간의 기름을 붙인 상태로 손질하여 사용한다.

- 서로인 스테이크sirloin steak : 영국의 왕 찰스 2세가 명명한 것으로 왕이 즐겨 먹어서 남작의 작위를 수여할 정도였다.
- 뉴욕 스테이크New York steak : 쇠고기 등심 채끝을 두껍게 썰어 뜨거운 브로일러에서 진한 갈색이 나게 구운 것으로, 더티 스테이크dirty steak라고도 한다.

(3) 안심과 등심이 모두 포함된 부분

- 포터하우스 스테이크porterhouse steak : 하나의 허리고기 윗부분 사이에서 안심과 등심에 뼈를 T자 모양으로 포함하여 잘라낸 것으로 약 450g 정도의 큰 스테이크이다.
- 티본 스테이크T-bone Steak : 포터하우스 스테이크를 자른 다음 조금 작은 부분의 뼈를 T자 모양으로 포함하여 자른 것으로 1인분의 무게는 약 350g이다.
- 꽃등심rib eye : 갈빗살과 등심이 포함된 부분으로 무게는 10파운드(4.5kg) 이하인 것이 좋으며, 적정한 도축 기간인 18개월을 경과하면 품질이 떨어진다.

(4) 프라임립(prime rib)

7개의 갈비뼈에 등심이 포함된 부분으로 무게는 약 7kg 정도의 크기로 프라임립을 오븐에서 조리한 후에 고객이 원하는 만큼 직접 썰어서 제공하기도 한다.

바롤로와인소스를 곁들여 그릴한

뉴욕 스테이크

Broiled dirty steak with barolo wine sauce and potato gnoochi

재료 및 분량 [1인분]

와규 쇠고기 등심Wagyu sirloin of beef 200g, 올리브유olive oil 20mL, 소금과 후춧가루salt & ground pepper 적당량, 감자뇨끼potato gnocchi 60g, 샬롯glazed shallot 40g, 볶은 버섯sauteed wild mushroom 30g, 깍지콩green beans 40g, 당근glazed carrot 30g, 대파julienne leek 10g, 바롤로와인소스barolo wine sauce 50mL, 타임thyme 1spring

만드는 방법

1 대파는 흰 부분만 곱게 채 썰어 찬물에 담가 둔다.
2 와규 쇠고기 등심에 소금과 후춧가루로 양념을 하고 석쇠에서 표면이 진한 갈색이 되도록 굽는다.
3 접시 중앙에 구운 채소를 줄 맞춰 쌓고, 감자뇨끼를 올린 후 그 위에 구운 쇠고기 등심을 올린다.
4 주위에 소스를 뿌리고, 곱게 채 썬 대파와 타임을 가니쉬로 올린다.

NOTE

- 석쇠에서 쇠고기 등심의 표면을 그슬려 요리한 것으로 미국 뉴욕에서는 '더티 스테이크'라고 한다.
- 바롤로와인소스 : 브라운소스(brown sauce) 100mL, 검은 통후추(black peppercorns) 3g, 샬롯찹(chopped shallot) 5g, 마늘찹(chopped garlic) 2g, 버터(butter) 5g, 바롤로와인(barolo wine) 50mL를 섞어 준비한다.

쇠고기 안심 구이와 랍스터 구이

Surf & turf(beef tenderloin & lobster)

재료 및 분량
[1인분]

쇠고기 안심beef tenderloin 120g, 케이준 스파이스cajun spice 1g, 파프리카 파우더paprika powder 1g, 큐민cumin 1g, 칠리파우더chili powder 1g, 고춧가루red pepper 40g, 랍스터lobster 1/2ea, 느타리버섯chanterelles mushroom 30g, 뵈르 블랑beurre blanc 40mL, 아스파라거스fresh asparagus 40g, 마늘찹chopped garlic 2g, 샬롯찹chopped shallot 10g, 빌소스veal sauce 80mL, 홀스래디쉬 퓌레horseradish puree 2mL, 트러플오일truffle oil 2mL, 유자즙citron juice 5mL, 빌스톡veal stock 10mL, 구운 아이다호 감자Idaho potato 60g, 고추냉이 페이스트wasabi paste 2mL, 레몬lemon 1/2ea, 차이브spring chive lspring, 소금과 후춧가루salt & ground pepper 적당량, 홍피망red pimento 20g, 청피망green pimento 20g, 양송이버섯champignon 20g

만드는 방법

1 케이준 스파이스에 큐민, 파프리카, 고춧가루, 소금과 후춧가루를 혼합한다.
2 쇠고기 안심에 케이준 스파이스 혼합물을 뿌린 후 석쇠에서 갈색이 나도록 레어rare로 굽는다. 바닷가재는 미디엄medium으로 굽는다.
3 끓는 물에 소금을 넣고 랍스터를 넣어 4~5분간 데친 후 찬물에 넣어 식힌다.
4 길이로 이등분으로 자르고, 꼬리에서 살코기는 분리한다.
5 집게발은 칼등으로 두들겨 살코기를 분리한 후 큐브로 자르고, 소금과 후춧가루로 양념해 버터에 굽는다.
6 팬에 버터를 두르고 홍피망, 청피망, 양송이버섯을 넣고 2~3분간 볶은 후 뵈르 블랑을 넣고 반으로 졸으면 랍스터 큐브를 넣고, 2~3분간 조리한 후 랍스터 껍질에 채운다.
7 구운 아이다호 감자의 속살을 파내어 체에 내리고 고추냉이, 생크림, 버터, 홀스래디쉬 퓌레를 혼합한다.
8 팬에 버터를 두르고 마늘, 샬롯을 볶는다. 빌스톡, 유자즙을 넣고 3~5분간 끓인 후 송로버섯오일을 곁들인다.
9 접시에 아스파라거스, 피망을 놓고 고추냉이, 7의 감자, 느타리버섯을 담은 후, 그 위에 구운 쇠고기를 놓고 빌소스 뿌리고, 6을 담는다.
10 레몬스타와 차이브로 장식한다.

크리미 시금치와 송로버섯 오일향의 감자튀김을 곁들인

티본 스테이크

Pan-seared pepper seasoning T-bone steak with sauté brussels sprouts, creamy spinach, truffle oil, French fried potato

재료 및 분량
[1인분]

- T–Bone stake : 티본 스테이크T–Bone stake(400~500g) 1ea, 올리브유olive oil 30mL, 으깬 검은 통후추crushed black peppercons 15g, 마늘 슬라이스galic slice 3ea
- Sauté brussels sprouts : 브뤼셀 스프라우트brussels sprouts 150g, 베이컨bacon 2ea, 마늘 garlic 2ea, 샬롯찹chopped shallot 1ea 분량
- Creamy spinach : 시금치spinach 300g, 생크림fresh cream 500mL, 파마산치즈fresh parmesan cheese 50g, 샬롯찹chopped shallot 20g, 마늘찹chopped garlic 10g, 잣pinenut 10g
- Fried potato : 튀김 감자French frie potato 80g, 트러프 오일truffle oil 10mL, 식용유salsd oil 500mL

만드는 방법

T–Bone steak

1 스테이크는 올리브유에 로즈마리, 마늘 슬라이스, 으깬 검은 통후추를 넣어 약 2~3시간 정도 절여marinade 준비한다.
2 팬에 올리브유를 조금 더 넣어 표면을 바삭바삭crispy하게 조리하는 것이 포인트로, 두께에 따라서 180℃ 오븐에서 12분 내외로 조리하여 완성한다.

Sauté brussels sprouts

1 브뤼셀 스프라우트는 이등분하여 끓는 물에 약 2~3분 정도 조리한 후 얼음물에 식혀 물기를 제거한다.
2 팬에 올리브유를 두르고 베이컨 슬라이스를 은근히 볶아 베이컨 향이 최대한 나오도록 조리한다.
3 샬롯과 마늘, 브뤼셀 스프라우트 순으로 넣어서 볶은 후 소금, 후춧가루로 간을 하여 완성한다.

Creamy Spinach

1 시금치는 줄기를 자른 후 물에 씻어 물기를 제거한다.
2 1의 시금치를 끓는 물에 데친 후 찬물에 넣어 식히고, 물기를 완전히 제거하여 잘게 다진다.
3 팬에 버터를 녹인 후 샬롯, 마늘, 잣을 넣고 볶다가 시금치를 넣어서 다시 볶는다.
4 생크림을 넣어서 농도를 조절한 후 소금, 후춧가루와 파마산치즈를 넣어서 완성한다.

Fried potato

튀김 감자는 170℃ 식용유에서 갈색이 나게 튀기고, 채로 건져서 소금과 트러플 오일을 뿌린다.

폴렌타 크로케와 파스닙 퓌레,
그린페페콘 소스를 곁들인

살치살 스테이크

Grilled chunk tail flap with polenta croquette, parsnip puree, brussel sprouts, green pepper corn sauce

재료 및 분량
[1인분]

- **Grilled chunk tail flap** : 살치살Chunk tail flap(200g) 1ea
- **Polenta chip** : 폴렌타 가루polenta powder 100g, 우유milk 400mL, 페타치즈feta cheese 100g, 옥수수kernel corn 100g, 버터butter 50g
- **Parsnip puree** : 우유milk 400mL, 파스닙parsnip 200g, 소금과 후춧가루salt & ground pepper 적당량
- **Green peppercorn sauce** : 그린 페퍼콘green peppercorn 1Tbs, 샬롯shallot 1ea, 마늘 찹chopped garlic 1/2ea, 포트와인port wine 소량, 그래비소스gravy sauce 1/4cup, 생크림 fresh cream 소량, 브랜디brandy 소량, 브뤼셀 스프라우트brussel sprouts 40g

만드는 방법

Polenta chip

1 팬에 우유와 버터를 넣고 한 번 끓인 다음 폴렌타 가루와 소금을 넣는다.
2 쿠킹 포일로 덮은 다음 아주 약한 불에 완전히 익을 때까지 약 한 시간 동안 조리한다.
3 2가 조리되는 동안 냉동 옥수수의 알맹이만 잘라 100g을 만든 다음 끓는 물에 한 번 담갔다 꺼낸다.
4 폴렌타가 익으면 옥수수 알맹이와 페타치즈를 넣고 섞은 다음 버터를 넣어

마무리한다.

5 컨테이너에 랩을 깔고 꾹꾹 눌러 평평하게 펼친 후 누른다. 식으면 크로케 모양으로 자르고 밀가루, 달걀, 빵가루 순으로 입힌다.

6 튀김은 170℃ 식용유에서 약 3~4분 정도 조리하여 완성한다.

Parsnip puree

1 파스닙을 냄비에 담은 후 우유를 파스닙 양의 2배를 넣고 약 30분 정도 삶는다.

2 파스닙을 건져서 블랜더에 갈은 후 체에 걸러서 농도를 맞추고 소금, 후춧가루를 넣어서 완성한다.

Green peppercorn sauce

1 그린 페퍼콘은 캔에서 물기를 제거한 후 알맹이을 분리하여 준비한다.

2 팬에 버터를 넣은 후 샬롯, 양파를 볶다가 그린 페퍼콘을 약 1분 정도 볶은 후 브랜디, 그래비소스, 생크림을 순서대로 넣어서 약 20분 정도 조리하여 완성한다.

Grilled chunk tail flap

1 살치살에 소금과 후춧가루로 양념한다.

2 뜨거운 팬에 기름을 두르고 양면이 갈색이 나도록 미디엄 레어로 굽는다.

고르곤졸라치즈 소스를 곁들인

'와규' 부챗살 스테이크

Pan-fried Australian 'Wagyu' top blade with
potato puree cauliflower, gorgonzola cheese Sauce

재료 및 분량
[1인분]

- Top blade : 부챗살top blade 200g
- Gorgonzola cheese sauce : 고르곤졸라치즈gorgonzola cheese 25g, 마늘찹chopped garlic 소량, 샬롯찹chopped shallot 소량, 타임찹chopped thyme 소량, 바질찹chopped basil 소량, 그래비소스gravy sauce 100mL, 생크림fresh cream 20mL, 파슬리찹chopped parsley 소량
- Potato puree : 감자potato 100g, 우유milk 100mL, 생크림fresh cream 300mL, 버터butter 50g, 소금과 후춧가루salt & ground pepper 적당량
- Squash : 애호박green pumpkin 1ea, 브로콜리broccoli 20g, 콜리플라워cauliflower 20g, 소금salt 적당량, 버터butter 적당량, 닭육수chicken stock 50mL

만드는 방법

Top blade

1 부챗살 중심에 있는 심줄을 제거한다.
2 고기를 이등분하여 식용 접착제로 접착시키고 랩으로 충분히 말아서 냉장 보관한 후 1일이 경과하면 잘라서 굽는다.

Gorgonzola cheese sauce

1 팬에 올리브유를 두른 후 샬롯, 마늘, 타임, 바질 순으로 볶는다.
2 그래비소스와 고르곤졸라치즈를 넣어서 약 15분 정도 끓인다.
3 생크림을 넣은 후 농도을 점검하고, 파슬리찹을 넣어서 완성한다.

Potato puree

1 팬에 껍질을 제거한 감자와 우유를 1 : 1의 비율로 넣고 약간의 소금을 넣어 약 20분간 삶는다.
2 감자는 건져서 물기를 제거하고 체에 내린다.
3 생크림과 버터를 넣고 소금, 후춧가루를 넣어 농도를 확인한 후 으깬 감자mashed potato를 완성한다.

Squash

1 애호박은 필러를 이용해 2mm 두께로 길게 썰어 끓는 소금물에 데친다.
2 1을 둥글게 말아 버터를 바르고, 오븐에서 1분간 조리한다.
3 콜리플라워와 브로콜리는 약 20g으로 손질하여 뜨거운 물에 데쳐 준비한 후 버터를 넣어 끓인 닭육수에 넣어 마무리 조리한다.

모렐소스를 곁들인

송아지 구이 Grilled veal chop in morel sauce

재료 및 분량
[1인분]

- Veal chop : 송아지 갈비veal chop(250~300g) 1ea, 올리브유olive oil 30mL, 마늘 슬라이스garlic slice 1ea
- Garnish : 아티초크artichoke with stem(can) 1ea, 아스파라거스asparagus green fresh 2ea, 양파찹chopped onion 1tsp, 마늘찹chopped garlic 1/2ea 분량, 소금과 후춧가루salt & ground pepper 적당량, 베이비당근baby carrot 3ea, 로즈마리rosemary 4stem
- Morel mushroom sauce : 모렐버섯morel mushroom 1Tbs, 샬롯찹chopped shallot 1ea 분량, 마늘찹chopped garlic 1/2ea 분량, 포트와인port wine 소량, 그래비소스gravy sauce 1/4ea, 생크림fresh cream 소량, 브랜디brandy 소량, 타임찹chopped thyme 1stem

만드는 방법

Veal chop

1 올리브유에 로즈마리, 마늘 슬라이스를 넣어 송아지 갈비를 약 2시간 정도 절인다marinade.
2 팬에 올리브유를 두르고 1을 구워 갈색이 되면 180℃ 오븐에서 약 5~6분 정도 조리하여 완성한다.

Garnish

1 아티초크는 줄기를 살려서 4등분한 후 물기를 제거한다.
2 팬에 올리브유를 두른 후 양파와 마늘을 넣고 볶는다. 양파가 투명해지면 아티초크을 넣고 볶다가 아스파라거스를 넣어 같이 볶는다.
3 베이비당근을 끓는 물에 넣어 익힌 후 물기를 제거하고 버터를 넣고 볶아 완성한다.

Morel mushroom sauce

1 모렐버섯은 물에 씻은 후 뜨거운 물에 불려서(약 30분 이상) 슬라이스한 후 잔모래를 제거한다.
2 모렐버섯의 물기를 제거한 후 팬에 버터를 녹여 샬롯, 마늘을 볶다가 버섯을 넣고 약한 불에서 약 1분 정도 볶는다.
3 브랜디를 넣은 후 약간의 모렐버섯 불린 물과 그래비소스를 넣고 타임을 넣어 약 20분 정도 조리한다.
4 소금, 후춧가루로 간을 한 후 약간의 생크림을 넣어서 완성한다.

로즈마리 램 주스를 곁들인

양갈비

Macadamia nut crusted rack of lamb on truffle mash potato with rosemary lamb jus

재료 및 분량
[1인분]

양갈비lamb rack 240g, 으깬 감자truffle mash potato 60g, 버섯sauteed mushroom 40g, 타임fresh thyme 2spring, 로즈마리 램 주스rosemary lamb jus 50mL, 마카다미아 넛찹chopped macadamia nut 60g, 마늘찹chopped garlic 5g, 홍고추찹chopped red chili 2g, 레몬즙fresh lemon juice 10mL, 간장soy sauce 5mL, 벌꿀honey 10g, 소금과 후춧가루salt & ground pepper 적당량

만드는 방법

1 양갈비에 소금과 후춧가루로 양념을 하고 뜨거운 팬에서 갈색이 나도록 굽는다.

2 마카다미아 넛, 마늘, 홍고추, 레몬즙, 간장, 벌꿀을 혼합하여 갈색을 낸 양갈비에 크러스트crust로 입히고, 오븐에서 2~3분간 굽는다.

3 접시에 크러스트를 입힌 양갈비를 담고 그 위에 으깬 감자를 올린 후 버섯, 소스를 곁들인다.

4 신선한 타임으로 가니쉬한다.

마살라와인소스를 곁들인

송아지 안심(스칼로피네)

Pan-fried veal scabppine with Marsala wine sauce

재료 및 분량 [1인분]

얇게 저민 송아지 안심veal loin scaloppine(90g × 2ea) 180g, 엑스트라 버진 올리브유extra virgin olive oil 10mL, 데미글라스demiglace 60mL, 마살라와인Marsala wine 20mL, 샬롯찹chopped shallot 10g, 버터butter 10g, 아스파라거스fresh asparagus 60g, 치킨스톡chicken stock 50mL, 버터butter 20g, 으깬 감자mashed potato 80g, 파슬리parsley 2g, 소금과 후춧가루salt & ground pepper 적당량, 세이지sage 1spring, 발사믹 리덕션balsamic reductim 40mL, 구운 마디호박grilled zucchini 40g, 구운 가지grilled eggplant 40g, 구운 피망grilled pimento 40g, 모차렐라치즈mozzarella cheese 80g

만드는 방법

1 송아지 안심은 비닐 사이에 넣고 3mm 두께로 얇게 두드려 펼쳐 소금과 후춧가루로 양념하고, 뜨거운 팬에 올리브유를 두른 후 갈색으로 굽는다.

2 1에 모차렐라치즈를 덮고 살라만데에서 녹인다.

3 팬에 버터를 두르고 샬롯을 갈색으로 볶은 후 마살라와인, 데미글라스를 넣고 1~2분간 끓인다.

4 3을 고운 체에 걸러서 마살라와인소스를 만든다.

5 냄비에 버터, 치킨스톡을 넣고 끓이다가 끓어오르면 아스파라거스를 데쳐서 버터에 볶는다.

6 접시에 으깬 감자, 아스파라거스, 구운 채소를 놓고 그 위에 얇게 저며 구운 송아지 스칼로피네를 올린다.

7 발사믹 리덕션과 마살라와인소스를 뿌리고, 세이지잎으로 가니쉬한다.

로스트한 쇠고기 프라임립

Roasted primer rib of beef with red wine sauce

재료 및 분량
[10~15인분]

프라임립prime rib of beef 7kg, 마늘찹chopped garlic 30g, 소금과 후춧가루salt & ground pepper 적당량, 버터butter 50g, 당근샤토carrot chateau 200g, 브로콜리broccoli 200g, 콜리플라워cauliflower 200g, 아스파라거스asparagus 200g, 버터butter 50g, 치킨스톡chicken stock 80mL, 감자 그라탱potato gratin 800g, 적포도주 소스red wine sauce 500mL

만드는 방법

1 오븐을 230℃로 가열한다.
2 프라임립에 많이 붙은 지방은 잘라내고trim off the excess fat 소금, 후춧가루, 마늘을 골고루 바른rub 후 버터를 바르고, 갈비뼈 부위가 아래로 향하도록 선반wire rack에 올린다.
3 뜨거운 오븐에 넣어 7~8분간 표면을 시어링searing(그을리기)하고 오븐 온도를 120℃로 낮추어 2시간 정도 로스팅한다. 이때 30분에 한 번씩 흐른 육즙을 끼얹어 준다basting.
4 오븐에서 꺼낸 프라임립은 30분간 캐리 오버 쿠킹carry over cooking(뜸들이기)한다. 육류 온도계로 내부 온도가 63℃이면 미디엄이다.
5 뜨거운 채소(당근, 브로콜리, 콜리플라워, 아스파라거스)는 치킨스톡에 데치고, 버터에 볶는다.
6 1인분에 300g씩 썰어서 채소와 감자그라탱, 적포도주 소스를 곁들인다.

NOTE **저온 로스팅**

• 알토샴 오븐(Alto-sam oven)은 50~250℃까지 조리가 가능하며, 낮은 온도에서 굽는 경우에는 조리시간이 많이 소요되나 육질이 연해지고, 육즙 누출 예방으로 산출량을 높일 수 있다.

국가별 쇠고기 등급(비육우)

• 미국 : prime, choice, select, standard, commercial, utility, catter, canner
• 한국 : 1^{++}, 1^{+}, 1, 2, 3
• 호주 : 1, 2, 3, 4, 5, 6

스테이크는 곡물로 비육시킨 prime, choice 등급이 사용된다.

비프찹 스테이크

Beef chop steak

재료 및 분량
[3인분]

쇠고기 안심beef tenderloin cube 400g, 양파onion cube 60g, 양송이버섯cubed champignon mushroom 60g, 청피망green pimento cube 30g, 홍피망red pimento cube 15g, 당근carrot cube 20g, 데미글라스demiglace 100g, 생크림fresh cream 10mL, 디존 머스터드Dijon mustard 3g, 핫소스hot sauce 1g, 올리브유olive oil 10mL

만드는 방법

1 쇠고기를 2.5cm의 정육면체 모양으로 썰어 놓는다.
2 채소(양파, 양송이, 피망, 당근)도 안심과 같은 크기로 썰어 놓는다.
3 팬에 올리브유를 두르고 고기를 소테하다가 채소를 넣고 소테한다.
4 데미글라스, 생크림, 디존 머스터드, 핫소스를 넣고 소금과 후춧가루로 간한다.

브레이징한 쇠고기 뽈 Braised beef cheek

재료 및 분량
[25인분]

쇠고기 뽈beef cheek 7kg, 적포도주red wine 5btl, 빌스톡veal stock 10L, 당근carrot 2kg, 양파onion 4kg, 마늘sliced garlic 10clove, 밀가루flour 1cup, 비트beet root 1kg, 셀러리celery 2kg, 허브herb(thyme, bay leaf, chervil), 소금과 후춧가루salt & ground pepper 적당량

만드는 방법

1 쇠고기는 기름을 제거한 후 소금, 후춧가루로 간을 하고 뜨거운 팬에서 갈색화시킨다.
2 로스팅 팬에 채소를 볶다가 밀가루를 넣고 추가로 5분간 더 볶는다.
3 갈색화시킨 쇠고기와 와인을 넣은 후 육수를 내용물이 잠기게 붓는다.
4 뚜껑을 덮은 채 120℃ 오븐에서 5시간 50분~6시간 동안 익힌다.
5 비트를 물에 푹 삶고 블렌더에 곱게 갈아 주스만을 사용한다.
6 브레이징한 육수와 비트주스를 2 : 1의 비율로 섞어 끓이다가 간을 하고 전분을 이용하여 가벼운 농도로 만든다.
7 쇠고기는 식힌 후 1인분(140g)씩 소스와 함께 비닐팩에 담아 냉장 보관하고 사용 시 끓는 물에 1~2분 정도 데워서 사용한다.

굴라시 스튜 Beef goulash stew

재료 및 분량
[4~5인분]

정육면체 모양의 쇠고기 우둔cubed top round of beef 1kg, 양파 슬라이스sliced onion 1kg, 월계수잎bay leaf 1ea, 캐러웨이 씨chopped caraway seed 20g, 파프리카 파우더paprika powder 30g, 소금salt 적당량, 검은 후춧가루black ground pepper 적당량

만드는 방법

1 소스 냄비에 내용물을 넣고 뚜껑을 덮고 약한 불로 끓이다가 끓어오르면 시머링으로 40분간 삶는다(엄지와 집게 손가락 사이에 쇠고기를 넣어 눌렀을 때 쉽게 으깨지면 고기가 연해진 것임).
2 삶은 감자 혹은 밥, 볶은 청피망, 홍피망을 곁들임으로 제공하기도 한다.

비프 스트로가노프 Beef stronganaff

재료 및 분량 [1인분]

쇠고기 안심strip beef filet 120g, 파프리카 파우더sweet paprika powder 10g, 밀가루flour 10g, 소금salt 적당량, 검은 후춧가루ground black pepper 적당량, 버터butter 20g, 양송이버섯 슬라이스sliced champignon mushroom 30g, 양파 슬라이스sliced onion 20g, 마늘찹chopped garlic 5g, 청피망 채shredded green pimento 20g, 홍피망 채shredded red pimento 20g, 백포도주white wine 30mL, 브라운소스brown sauce 60mL, 딜 피클 줄리엔julienne dill pickle 20g, 햄 줄리엔julienne ham 20g, 사워크림sour cream 10mL, 쪽파 슬라이스fine sliced spring onion 5g, 밥cooked steam rice 150g, 파슬리찹chopped parsley 1g

만드는 방법

1 손질한 쇠고기 안심에 소금과 검은 후춧가루로 양념을 하고, 파프리카 파우더와 밀가루를 묻혀서, 소량의 버터를 두른 팬에 빠르게 시어링searing하여 준비한다.
2 팬에 버터를 녹여 양파, 마늘, 양송이버섯, 피망을 넣어 볶는다. 백포도주로 플람베flambe하고 브라운소스를 넣은 후 1~2분간 끓여서 농도를 조절한다.
3 시어링한 쇠고기 안심과 생크림을 넣은 후 끓어오르면 비프 스트로가노프가 완성된다.
4 3을 접시에 담고 밥, 피클, 햄, 사워크림, 쪽파를 곁들인 후 파슬리로 가니쉬한다.

밀라노식 오소부꼬

Ossobucco alla Milanese

재료 및 분량
[1인분]

송아지 정강이veal shank 350g, 소금과 후춧가루salt & ground pepper 적당량, 밀가루soft flour 10g, 올리브유olive oil 20mL, 양파찹chopped onion 10g, 당근찹chopped carrot 10g, 셀러리찹chopped celery 10g, 마늘찹chopped garlic 5g, 치킨스톡chicken stock 200mL, 토마토 페이스트tomato paste 20g, 토마토 콩카세tomato concasse 20g, 적포도주red wine 20mL, 브라운소스brown sauce 20mL, 향료 다발bouquet garni 1ea, 사프란 리소토saffron risotto 80g, 파마산치즈thin sliced fresh parmesan cheese 30g

만드는 방법

1 송아지 정강이를 소금과 후춧가루로 간하고 밀가루를 묻혀 뜨거운 팬에 넣고 양면을 갈색으로 굽는다.
2 팬에 양파, 마늘, 당근, 셀러리를 넣고 갈색으로 볶은 후 토마토 페이스트를 넣고 갈색으로 볶는다. 적포도주를 넣어 완전히 졸아들면 치킨스톡, 브라운소스, 갈색으로 구운 쇠고기 정강이, 토마토 콩카세와 향료 다발을 넣고 은근한 불에서 2시간 동안 정강이 살이 부드러워 질 때까지 끓인다.
3 접시에 전분음식으로 사프란 리소토를 담고 정강이찜을 담은 후 다시 한 번 끓인 소스를 소금으로 간하고 정강이찜 위에 끼얹는다.
4 얇게 썬 파마산치즈로 장식한다.

바비큐 폭립
B·B·Q pork rib

재료 및 분량 [1인분]

포크 스페어 립pork spare rib 400g, 바비큐소스 barbecue sauce 150mL

만드는 방법

1 포크 스페어 립의 엷은 피막을 제거하고 뜨거운 물에 한 번 데친다blanch.
2 바비큐소스에 손질한 1을 40분간 시머링으로 끓인 후 건진다.
3 바비큐소스를 폭립 표면에 바르고, 살라맨더에서 갈색이 나도록 굽는다.
4 으깬 감자 혹은 튀긴 감자나 밥, 신선한 샐러드와 드레싱을 곁들여 제공하기도 한다.

RECIPE

곁들임 레시피

바비큐소스(Barbecue sauce)

재료 및 분량 [100인분]

토마토 케첩 #10캔tomato ketchup 4ea, 우스터소스Worcestershire sauce 160mL, 잉글리시 머스터드English mustard–calmon mustard powder 200g, 마늘찹chopped garlic 30g, 생강찹chopped ginger 200g, 양파찹chopped onion 500g, 베이컨찹chopped bacon 500g, 고추장chili paste 300g, 고수찹chopped coriander leaves 50g, 레몬즙fresh lemon for juice 3ea, 메이플시럽maple syrup 200mL

만드는 방법

모든 재료를 스톡 냄비에 넣고 시머링으로 끓여서 10L가 되도록 졸인다.

닭구이 Roasted whole chicken

재료 및 분량
[약 2~3인분]

닭whole chicken 2.5kg, 소금과 후춧가루salt & ground pepper 적당량, 세이지sage 2g, 버터butter 50g

만드는 방법

1 닭 껍질에 소금, 후춧가루, 세이지, 버터를 바른다.
2 닭 가슴 부위가 위로 향하게 시트 팬에 올려 230℃로 예열된 데코오븐deco oven에 넣고, 10분간 시어링한 후 오븐 온도를 120℃로 낮추어서 2시간 정도 로스팅한다. 30분에 한 번씩 흐른 육즙을 끼얹다가basting 내부 온도가 육류 온도계로 85℃이면 웰던well done이다.
3 차게 식혀서 샌드위치에 사용한다.

치킨 카레 Chicken curry

재료 및 분량
[1인분]

카레 베이스curry base 180g, 양송이버섯champignon mushroom 20g, 치킨스톡chicken stock 20mL, 생크림fresh cream 30mL, 닭고기cubed meat beef fillet or chicken breast or lamb fillet 70g, 소금과 후춧가루salt & ground pepper 적당량

만드는 방법

1 감자는 스톡에서 5~6분간 삶고, 닭고기는 소금과 후춧가루로 양념한다.
2 팬에 버터를 녹이고 양송이버섯, 닭고기를 색깔이 나지 않게 볶은 후 카레 베이스를 넣고 5분간 끓인다.
3 삶은 감자를 넣고 한 번 끓어오르면, 생크림을 넣어 완성한다.

RECIPE

곁들임 레시피

카레 베이스(Curry base)

재료 및 분량
[5인분]

사과apple 500g, 바나나banana 500g, 밀가루flour 60g, 버터butter 50g, 치킨스톡chicken stock(or veal stock) 500mL, 소금과 후춧가루salt & ground pepper 적당량, 생강찹chopped ginger 10g, 마늘찹chopped garlic 20g, 양파onion 100g, 카레 가루curry powder 200g

만드는 방법

1 뜨거운 팬에 버터를 넣고 양파, 마늘, 생강을 5~6분간 볶은 후 밀가루와 카레 가루를 넣고 1~2분간 은근히 다시 볶는다.
2 사과, 바나나, 치킨스톡을 넣고 1시간 정도 끓인 후에 블렌더에 갈아서 체에 거르고, 소금과 후춧가루로 양념한다.

칠면조 구이

Roasted whole turkey with turkey stuffing and two kind of sauce

재료 및 분량
[25~30인분]

- Roasted turkey : 칠면조whole turkey 15kg, 버터butter 300g, 칠면조 스터핑turkey stuffing 3kg, 적포도주red wine sauce 300mL, 크랜베리소스cranberry sauce 300mL, 브뤼셀 스프라우트brussel sprouts 1kg, 소금과 후춧가루salt & ground pepper 적당량
- Cranberry sauce(약 6~8인분) : 크랜베리(캔)canned cranberry 300g, 치킨스톡chicken stock 300mL
- Turkey stutting : 깍둑썰기 한 식빵diced toast bread white 1kg, 갈은 돼지고기ground pork 500g, 갈은 칠면조 간ground turkey liver 500g, 밀가루flour 30g, 볶은 양파sauteed & chopped onion 80g, 볶은 양송이버섯sauteed & chopped champignon 100g, 식용유salad oil 10mL, 달걀egg 4ea, 마조람majoram 1g, 타임thyme 1g, 바질basil 1g, 레몬 껍질grated lemon zest 1g, 오레가노oregano 1g, 파슬리찹chopped parsley 45g, 고수찹chopped coriander 30g, 삶은 후 깍둑썰기 한 깐 밤boiled & diced chestnut 500g, 깍둑썰기 한 사과diced apple 500g

만드는 방법

Roasted turkey

1 소금, 후춧가루, 버터로 칠면조 껍질을 문지른다.
2 칠면조 등이 아래로 향하게 시트 팬에 올려 230℃로 예열된 데코오븐deco oven에 넣고, 10분간 시어링searing하고 오븐을 120℃로 낮추어서 4~5시간 정도 로스팅한다. 30분에 한 번씩 흐른 육즙을 끼얹다가basting 내부 온도가 육류 온도계로 85℃이면 웰던well done이다.
3 칠면조 스터핑, 브뤼셀 스프라우트, 적포도주소스, 크랜베리소스를 곁들여 제공한다.

Cranberry sauce

1 크랜베리와 치킨스톡을 블렌더에 넣고 곱게 갈아 체에 거른다.
2 5~6분간 시머링으로 끓여서 농도를 조절한다.

Turkey stutting

1 양파와 버섯을 식용유에 1~2분간 볶고, 허브를 넣고 1분간 더 볶아서 식힌다.
2 믹싱 볼에 식빵을 넣어 밀가루와 혼합하고 돼지고기, 간, 달걀, 볶은 양파, 볶은 양송이버섯, 허브, 레몬 껍질, 사과, 밤을 넣고 혼합하여 스터핑을 만든다.
3 스터핑을 사각형 몰드에 채워 175℃(350°F) 오븐에서 40분간 굽는다.
4 칠면조 구이에 곁들여 제공한다.

THE PROFESSIONAL
WESTERN COOKING

08

생선·해산물 조리법

❶ 개요

해산물을 조리할 때는 지방의 함유 정도가 조리방법을 좌우하는 중요한 요인이 된다. 조개류는 지방 함유도가 낮으므로 이에 적합하게 조리되어야 한다. 지방이 적은 생선은 포우칭poaching 또는 딥 프라잉deep-frying하거나, 소스에 넣어 베이킹baking 한다. 지방이 많은 생선은 베이킹baking, 브로일링broiling, 팬 프라잉pan-frying한다. 또한 지방 함유도에 관계없이 모두 스티밍steaming을 할 수도 있다.

해산물의 지방 함유도는 해산물의 종류와 계절에 따라 달라진다. 지방 함유량이 높은 연어(16.5%), 청어(12.0%), 송어(15.0%), 고등어(11.1%) 등은 석쇠나 오븐에서 굽는 조리법이 적합하며, 대구haddock(5.2%)는 포우칭, 딥 프라잉, 소스에 넣고 굽는 조리법이 좋다. 그리고 굴oyster은 신선한 상태로 많이 먹지만 튀김으로 요리할 때는 수분이 너무 많아 조리 전에 데치는blanching 것이 좋으며, 특히 5~8월까지 아린 맛이 있어 날것으로 섭취하지 않는 나라도 많다.

보편적으로 해산물에는 단백질이 많이 함유되어 있으며, 조리하면 그 결체조직은 젤라틴으로 변하여 엷은 조각으로 분리되므로, 해산물은 맛과 유연도가 절정에 달한 만큼 조리되어야 하기 때문에 내부 온도가 85℃(185°F)까지 되어야 한다. 뼈가 있는 생선을 요리할 경우에는 뼈와 살이 쉽게 분리되고, 뼈에 살코기가 붙지 않으며 깨끗한 상태이거나, 살코기에 가는 나무 꼬챙이를 찔러서 생선살이 묻어 나오지 않으면 완전히 조리된 것이다. 그러나 과도하게 조리되면 맛을 상실할 수 있고, 퍽퍽해진다. 지방이 적은 생선은 우유에 담갔다가 양념을 한 밀가루를 묻혀 튀김pan-frying or deep-frying을 하거나 밀가루만 묻혀서 튀기기도 한다.

❷ 생선의 품질 유지 및 저장방법

해산물은 박테리아의 성장 속도가 빠르기 때문에 신선하지 못하고 품질이 손상된 것은 강한 암모니아 냄새가 나는데, 이는 해산물이 부패되고 있다는 증거이다. 신선한 해산물의 향기로운 맛이 다른 음식과 섞이는 것을 방지하기 위하여 해산물 전용 저장고를 비치하고, 습기를 유지함으로써 품질이 저하되는 것을 방지하는 것이 좋다. 해동된 해산물은 얼음 속에 진공 포장한 상태로 채워두거나, 축축한 천에 싸서 그 위에 얼음을 얹어 놓는다. 이렇게 함으로써 습도를 높게 유지하여 음식물이 건조되는 것을 방지할 수 있다. 해산물의 이상적인 저장온도는 6℃ 내외로, 적절히 유지하면 저장기간을 연장할 수 있을 것이다.

보관온도가 높으면 생선의 기름은 포화된 상태에서 산소를 쉽게 흡수하기 때문에 빠른 부패가 일어나서 생선에서 썩은 냄새가 나는 주 원인이 된다.

❸ 생선 조리법

(1) 습열 조리법 – 피시 포우칭

생선을 포우칭할 때는 85~90℃로 1파운드(약 453g)당 10~15분간 시머링simmering한다. 시머링을 오래 하면 젤라틴이 많아져 훌륭한 맛을 내게 된다. 포우칭을 할 때에는 쿠르부용court bouillon을 사용하는데 셀러리, 양파 혹은 샬롯, 양송이버섯, 레몬즙, 백포도주, 향료 다발 등을 넣어 더욱 섬세한 맛을 내게 된다. 쿠르부용의 맛을 풍부하게 하기 위하여 피시 푸메fish fumet를 사용하며, 맛을 배가시키기 위해 향료 다발을 곁들이는데 파슬리parsley 줄기, 처빌chervil, 월계수잎bay leaf, 타임thyme 등과 같은 방향성 잎의 다발을 일컫는 말로, 포우칭에 활용되어 맛을 돋우어 준다. 그러나 너무 많은 양을 사용하면 맛이 손상되는 경우도 있다.

큰 생선을 포우칭할 경우에는 차가운 액체 속에서 시작해야 조리되는 과정에서 생선살이 부스러지는 것을 예방할 수 있으며, 때로는 생선을 면포에 싸거나 버터를 칠한 얇은 판자에 묶어서 조리해야 부스러지지 않고 건져 올릴 수 있다. 그리고 생선을 차게 식혀서 조리할 때에는 약간 덜 익혀야 한다. 포우칭한 생선을 차갑게 식혀서 제공해야 할 경우에는 조리한 스톡 속에 넣어 냉각시키면 냉각되는 동안 조리한 생선이 견고해져서 부스러지지 않는다.

현대 요리에 많이 이용되는 화이트 와인 포우칭 방법은 버터를 바른 9인치 파이팬pie pan에 양파 혹은 샬롯, 쪽파spring onion, 양송이버섯을 깔고 생선을 올린 후, 백포도주와 피시스톡을 넣고 기름종이parchment paper로 덮어서 150℃ 오븐에서 5~6분간 조리 후 포우칭한 국물을 졸여 소스 등에 사용함으로써 섬세한 맛을 가미할 수 있다.

(2) 건열 조리법

생선 튀김

튀김은 기름을 가열하여 생선을 튀기는 과정에서 생선살의 표면이 타기 때문에 이를 방지하기 위하여 생선살의 표면을 보호하고 맛을 더 좋게 하기 위하여 생선살에 밀가루만 묻혀서 조리하는 방법meuniere, 빵가루를 입혀서 튀기는 방법paner(밀가루·달걀·빵가루 순) 그리고 묽은 반죽batter(밀가루·달걀·우유 혼합)을 입히는 방법이 많이 사용되고 있다. 생선 조리에 고형 성분이 제거된 정제버터clarified butter를 많이 사용하는데 정제버터는 정제를 하지 않은 버터보다는 발연점이 높아져 더 좋은 맛으로 생선을 요리할 수 있다.

▪ 정제버터 : 냄비에 버터butter 조각을 넣고 60℃ 전후로 가열하면서 젓지 않고 가만

히 용해하면서 바닥에 우유 성분(고형성분)이 가라앉게 하여 위에 있는 지방만을 낸 것을 말한다.

- 중력분 밀가루 : 튀김에는 중력분 밀가루soft flour를 사용한다. 강력분 밀가루는 중력분 밀가루보다 튀김 기름을 많이 흡수하게 되는데, 그 원인은 글루텐 결합조직에 기름이 더 많이 갇혀 있기 때문이다.

생선 오븐 구이

베이킹baking은 신속하게 생선을 조리함으로써 지방이 적은 생선이 건조되는 것을 방지할 수 있다. 구운 생선에 제공되는 소스로는 뱅 블랑소스sauce vin blanc, 뵈르 블랑소스sauce beurre blanc, 홀랜다이즈소스hollandaise sauce, 레몬버터소스lemon butter sauce, 버시소스bercy sauce, 모네이소스mornay sauce, 노르망디소스Normandy sauce 등이 있는데 구워진 생선은 수분의 일부를 상실하게 되므로 액체가 필요하고, 소스는 생선의 맛을 보충해 주기 때문에 첨가하게 된다.

생선 필렛filet을 베이킹할 때는 살 쪽을 밑으로 하여 팬에 넣어야 수축을 완화시킬 수 있으며, 팬에 버터를 바르지 않으면 생선이 눌어붙어, 생선이 뭉그러질 수도 있다. 생선을 굽는 온도는 163~177℃(325~350℉) 정도로 하는데, 지방이 많은 생선은 더 높은 고온으로 조리하는 것이 좋고 팬에 우유를 부어 팬을 축축하게 한 다음 생선 필렛을 230℃(450℉)에서 10~12분간 조리하기도 한다. 생선이 익었는가를 판단하는 방법은 포크로 잡아당겨 보는 것으로, 살이 엷은 조각flake으로 떨어지게 되면 익은 것이다. 또는 이쑤시개로 찔러서 이쑤시개 표면에 아무 것도 묻어나지 않고 깨끗하면 익은 것이다.

베이킹은 크림cream을 이용한 음식이나 그라탱au gratin을 만들 때 사용하는 조리법이다. 그라탱이란 음식물의 표면에 입힌 갈색화된 빵bread이나 치즈cheese 혹은 빵과 치즈bread-cheese를 가리키는 말로서 오븐이나 브로일러broiler, 살라맨더salamander 등에 넣어 조리한다. 생선을 오븐에서 포우칭할 때에는 기름종이parchment paper로 싸서 조리함으로써, 생선 속에 함유되어 있는 수분을 유지할 수 있다.

생선 브로일링

생선을 브로일링할 때에는 브로일러 선반broiler rack을 완전하게 가열한 후 기름을 발라 주어야 생선이 달라붙지 않는다. 생선에 정제버터나 오일을 바르거나 그 속에 살짝 담갔다가 꺼낸 다음, 열원에서 표면을 갈색화시킨 후 뒤집어 놓고 표면에 정제버터를 발라 두께에 따라 5~8분간 브로일링을 하도록 한다. 두께가 두꺼운 생선은 브로일링 시 갈색화한 후 브로일링의 열원으로부터 멀리 두고 익히는 방법과 오븐에 넣고 마무리하는 방법이 있다.

해산물 조리법

새우는 이쑤시개로 내장을 제거하고, 소금을 넣은 끓는 쿠르부용에 삶는다. 뚜껑을 덮은 후 불을 약하게 해 짧은 시간에 시머링으로 삶아 찬물에 건져 놓고 조리가 계속되지 않도록 식혀야 한다. 이와 같이 조리하는 과정은 유리처럼 반질반질한 모양이 없어지고 몸이 불그스름한 색깔을 띠게 되면 충분히 조리된 것으로 보아야 한다. 관자scallop는 매우 유연하므로 작은 것은 물속에 넣고 3~4분간 시머링하며, 조리가 계속되는 것을 방지하기 위해 찬물 속에 넣어 식힌다.

바닷가재 가식률은 적은 것이 18~20%이며, 큰 것은 25%가량 된다. 그러나 작은 것의 맛이 더 훌륭하다는 것이 미식가들의 일반적인 생각이다. 살아있는 바닷가재live lobster를 보관하는 최선의 방법은 해초나 물기가 많은 종이로 덮어두는 것이다. 꼬리를 펴 보면, 살아있는 경우에는 꼬리가 제자리로 돌아온다. 뿔바닷가재chicken lobster(500~700g)를 조리하는 방법은 5%의 식염수에서 7~10분간 시머링하는 것이다. 바닷가재는 조리되면 효소의 작용으로 선홍색을 띠게 된다. 그리고 조리시간을 단축하는 방법으로 고압 스티머steamer에서 3분간 쪄낼 수도 있다. 바닷가재 조리법은 다음과 같다.

- 삶기boiling
- 브로일링broiling
- 굽기grilling
- 랍스터 알 라 뉴버그lobster a la newburg
- 랍스터 델미도lobster thermidor

냉동 해산물 조리법

냉동된 해산물은 냉장고에서 8~15시간 동안 해동하는 것이 좋으며 조리시간이 촉박한 경우에는 흐르는 찬물에서 녹일 수 있다. 그러나 녹은 다음에는 포장을 벗기면 건조해지기 때문에 그대로 싸 두는 것이 좋다. 전자레인지를 이용한 해동법은 신속하지만 한번에 많은 시간 동안 해동을 진행하면 부분적으로 조리될 수 있으므로 30초씩 나누어서 가열하는 것이 좋다. 하지만 이 또한 냉장고에서 해동하는 것보다는 바람직하지 않은 방법이다. 만약 해동 과정 없이 냉동상태에서 조리를 하면 해동된 것보다 수분이 많이 상실되어 맛이 없어지게 된다.

뵈르 블랑소스를 곁들인

랍스터 델미도 Lobster thermidor

재료 및 분량
[1인분]

바닷가재live lobster 1kg, 밀가루flour 10g, 버터butter 40g, 브랜디brandy 20mL, 아스파라거스asparagus 80g, 으깬 감자mashed potatoes 80g, 양송이버섯cubed champignon mushroom 30g, 양파cubed onion 30g, 마늘chopped garlic 5g, 청피망cubed green pimento 40g, 홍피망cubed red pimento 30g, 뵈르 블랑beurre blanc 60g, 백포도주white wine 30mL, 홀랜다이즈소스hollandaise sauce 40mL, 파슬리찹chopped parsley 2g, 소금과 후춧가루salt & ground pepper 적당량, 레몬lemon star 1ea, 처빌chervil 1spring

만드는 방법

1 끓는 소금물에 바닷가재를 넣고 4~5분간 삶아서(껍데기 색이 붉어지도록), 찬물에 식힌 후 껍데기가 얇은 배에서 꼬리로 칼을 넣고, 돌려서 머리 쪽으로 칼을 넣어 이등분한다.

2 바닷가재 꼬리 살은 껍데기에서 빼내어 2cm로 자르고, 집게발은 망치로 두들겨 껍데기를 제거한 후 소금, 후춧가루, 레몬즙을 뿌려 둔다. 껍데기는 흐르는 찬물에 깨끗이 씻어서 4~5분간 200℃ 오븐에서 구워서 식혀 둔다.

3 아스파라거스는 필러filler로 껍질을 벗기고, 끓는 소금물에 넣어 1~2분간 데친 후 버터에 넣고 볶는다.

4 뜨거운 팬에 버터를 녹이고 바닷가재 살을 1분간 볶은 후 브랜디로 플람베하고 다른 용기에 옮겨 놓는다.

5 양파, 마늘, 피망, 양송이버섯을 색깔이 나지 않게 1~2분간 볶은 후 백포도주, 소금, 후춧가루, 뵈르 블랑을 넣고 1분간 끓인다.

6 5에 볶은 바닷가재 살을 넣고 한 번 끓어오르면 열에서 내려 홀랜다이즈소스와 혼합하여 손질해 놓은 바닷가재 껍데기에 채운다.

7 살라맨더에서 갈색을 낸다.

8 접시에 아스파라거스와 으깬 감자를 놓고, 7의 바닷가재 델미도를 담는다.

9 레몬과 처빌로 가니쉬한다.

도미 구이

Herb crusted red snapper with beurreblanc and mashed potato

재료 및 분량 [1인분]

붉은 도미red snapper 180g, 엑스트라 버진 올리브유extra virgin olive oil 20mL, 양파찹chopped onion 10g, 마늘찹chopped garlic 5g, 빵가루bread crumb 20g, 로즈마리찹chopped rosemary 2g, 타임찹chopped thyme 2g, 파슬리찹chopped parsley 2g, 오레가노찹chopped oregano 1g, 뵈르 블랑beurre blanc 50mL, 소금salt 1g, 후춧가루ground pepper 1g, 구운 홍피망grilled red pimento 50g, 구운 마디호박grilled zucchini 30g, 으깬 감자mashed potato 60g, 올리브marinated olive 20g, 바질오일basil oil 10mL

만드는 방법

1 팬에 올리브유를 두르고 양파, 마늘을 1~2분간 볶은 후 빵가루와 허브를 넣고 1분간 더 볶아 허브 프로방살herb Provencale을 만든다.

2 도미를 소금, 후춧가루, 레몬즙으로 양념하고 뜨거운 석쇠에서 갈색으로 시어링searing한다.

3 도미에 허브 프로방살을 올리고, 오븐에서 2~3분간 마무리 요리한다.

4 접시에 으깬 감자와 구운 채소를 놓고, 그 위에 생선을 올린다.

5 접시 주위에 뵈르 블랑 소스와 바질오일을 부린 후, 신선한 타임으로 장식한다.

타라곤소스를 곁들인

점보 관자 구이

Pan-fried jumbo scallop with tarragon sauce and potato ravioli

재료 및 분량 [1인분]

관자jumbo scallop-U.S 140g, 레몬즙fresh lemon juice 20mL, 감자 라비올리potato truffle ravioli 50g, 타라곤소스tarragon sauce 50g, 토마토 콩카세tomato concasse 10g, 타라곤찹chopped fresh tarragon 1spring, 처빌chervil 1spring, 소금과 후춧가루salt & ground pepper 적당량

만드는 방법

1 관자에 소금, 후춧가루, 레몬즙을 뿌리고, 뜨거운 팬에 올리브유를 두른 후 양면을 갈색으로 굽는다.

2 감자 라비올리는 끓는 물에 1~2분간 삶아서 버터에 볶는다.

3 접시에 라비올리를 놓고 그 위에 구운 관자를 올린 후, 타라곤소스를 뿌리고, 곱게 다진 타라곤을 소스 위에 다시 뿌린다.

4 토마토 콩카세를 놓고, 처빌을 가니쉬로 곁들인다.

왕새우 구이

Seared king prawn with eggplant and roasted potato

재료 및 분량 [1인분]

왕새우king prawn u5 3ea, 엑스트라 버진 올리브유extra virgin olive oil 15mL, 샬롯찹 or 양파찹 chopped shallot or onion 10g, 체리 토마토cherry tomato 40g, 타임thyme 3g, 구운 가지grilled eggplant 30g, 구운 베이비 감자roasted baby potato 60g, 마늘garlic 3g, 시금치spinach 20g, 베이컨 드레싱bacon dressing 20mL, 소금salt 2g, 후춧가루ground pepper 1g, 레몬fresh lemon 25g, 파슬리오일parsley oil 10mL

만드는 방법

1. 새우는 이쑤시개로 내장을 제거devein하고, 칼침을 새우 등에서 꼬리까지 넣은 후 소금, 후춧가루, 레몬즙으로 양념하여 석쇠에서 굽는다.
2. 팬에 올리브유를 두르고 샬롯, 타임, 껍질을 벗긴 체리 토마토를 넣고 볶은 후 백포도주로 플람베하고, 피시스톡을 넣고 끓여 타임-체리 토마토소스를 만든다.
3. 베이컨 드레싱에 볶은 시금치, 구운 가지와 구운 감자를 접시 가운데에 놓고, 그 위에 구운 새우를 올린 후 타임-체리토마토소스, 파슬리오일을 뿌리고 레몬과 타임으로 가니쉬한다.

RECIPE

곁들임 레시피

베이컨 드레싱(Bacon dressing)

재료 및 분량 [1인분] 베이컨 비트bacon bit 10g, 양송이버섯sliced champagnon mushroom 20g, 쪽파fine sliced green onion 3g, 비네그레트vinaigrette 200mL

만드는 방법 모든 재료를 잘 혼합하여 베이컨 드레싱을 만든다.

캐비어소스를 곁들인

연어 구이

Grilled red salmon steak with caviar sauce

재료 및 분량 [1인분]

연어 필렛red salmon filet 180g, 소금과 후춧가루salt & ground pepper 적당량, 레몬fresh lemon 60g, 백포도주소스white wine sauce 70mL, 연어알salmon roe 10g, 캐비어caviar 10g, 구운 토마토grilled tomato 60g, 구운 마디호박roasted zucchini 300g, 삶은 감자boiled potato 80g, 딜dill 1spring, 레몬 웨지lemon wedge 1ea

만드는 방법

1 연어에 소금, 후춧가루, 레몬즙을 뿌리고 가열된 석쇠에서 갈색으로 굽는다.
2 백포도주소스에 연어 알과 캐비어를 넣고 캐비어소스를 만든다.
3 접시에 토마토 등 각종 구운 채소, 삶은 감자를 담고 그 위에 연어스테이크를 올린 후 케비어소스를 뿌리고, 레몬과 쪽파로 가니쉬한다.

된장소스를 곁들인

메로 구이

Seared mero fish with
light miso sauce and boiled potato

재료 및 분량 [1인분]

메로 필렛merofish filet 180g, 삶은 샤토 감자boiled chateau potato 30g, 삶은 샤토 당근boiled turned carrot 20g, 포우치한 아스파라거스poached asparagus 70g, 브로콜리boiled broccoli 15g, 토마토 콩카세tomato concasse 10g, 미소소스light miso sauce 50mL, 바질오일basil oil 2mL, 딜fresh dill 1spring, 구운 느타리버섯grilled agaric mushroom 20g, 레몬lemon 2g, 처빌chervil 2ea, 소금과 후춧가루salt & ground pepper 적당량

만드는 방법

1. 메로는 소금, 후춧가루, 레몬즙을 뿌리고 가열된 석쇠에서 양면을 갈색으로 굽는다.
2. 접시 중앙에 그릴한 생선을 놓고, 그 주위에 채소와 감자를 돌려서 담는다.
3. 미소소스와 바질오일을 뿌린 후 처빌로 가니쉬한다.

RECIPE

곁들임 레시피

미소소스(miso sauce)

재료 및 분량 [750mL]

식초vinegar 80mL, 설탕sugar 120g, 미림mirim 150mL, 일본식 백된장miso bean paste 150g, 데미글라스소스demiglace sauce 80mL, 생크림fresh cream 750mL

만드는 방법

식초, 설탕, 미림을 넣고 10분간 은근히 끓인 후 일본식 백된장(미소), 데미글라스소스, 생크림을 넣고 추가로 20분간 은근히 끓여 농도를 점검하고 소스를 완성한다.

오렌지 그린 페퍼소스를 곁들인

아귀 구이

Pancetta wrapped monk-fish filet with orange-green pappercorn sauce

재료 및 분량
[1인분]

아귀 필렛monkfish filet 160g, 펜세타햄sliced pancetta ham 2pc, 샬롯찹chopped shallot 10g, 마늘찹chopped garlic 3g, 으깬 그린 통후추crushed green peppercorn 5g, 오렌지즙fresh orange juice 70mL, 감자전분potato starch 2g, 삶아서 구운 감자boiled & sauteed potato 50g, 아스파라거스green asparagus 30g, 깍지콩green beans 20g, 볶은 느타리버섯sauteed agaric mushroom 30g, 토마토소스peeled & seedless tomato hondu 30g, 바질basil 1spring, 소금과 후춧가루salt & ground pepper 적당량, 레몬즙fresh lemon juice 20mL, 처빌chervil 5g

만드는 방법

1 아귀는 얇게 썰은 팬세타햄으로 말고 소금, 후춧가루, 레몬즙을 뿌린 후 팬에서 갈색으로 굽는다.
2 1을 오븐에 넣어 속까지 익힌다.
3 뜨거운 팬에 샬롯, 마늘을 볶다가 으깬 그린 통후추를 넣고 와인을 플람베한다.
4 오렌지주스를 넣고 1/3로 졸인 후 전분물을 풀어서 농도를 맞춘다.
5 접시에 준비된 감자, 채소를 담고 구운 생선을 놓은 뒤, 4의 소스를 뿌린다.
6 토마토소스를 올리고, 처빌잎으로 가니쉬한다.

해산물 그라탱

Seafood gratin

재료 및 분량
[1인분]

새우shrimp/18~20 2ea, 관자jumbo scallop 2ea, 바닷가재 꼬리lobster tail 250g, 연어 필렛 큐브cubed salmon filet 15g, 양송이버섯 큐브cubed champignon mushroom 30g, 아스파라거스green asparagus 50g, 브랜디brandy 20mL, 단호박grill & wedge sweet pumpkin 15g, 드라이토마토over dried Italian tomato 50g, 생크림fresh cream 120mL, 홀랜다이즈소스hollandaise sauce 20mL, 겨자prepared mustard 2g, 레몬즙lemon juice 15mL, 양파찹chopped onion 10g, 마늘찹chopped garlic 5g, 딜dill 1spring, 파슬리찹chopped parsly 2g

만드는 방법

1 팬에 버터를 두르고 양파, 마늘, 버섯, 아스파라거스, 단호박, 드라이토마토를 넣고 1~2분간 볶은 후 해산물을 넣고 2~3분간 같이 볶는다. 브랜디로 플람베한 후에 생크림을 넣고 생선이 익으면 접시에 옮겨 담는다.
2 팬에 남은 소스를 반으로 졸인 후 겨자, 레몬즙을 넣고 불에서 내려 홀랜다이즈소스를 넣고 잘 혼합한다.
3 접시에 담은 생선 스튜 위에 혼합한 소스를 골고루 뿌린다.
4 살라맨더에서 갈색을 내고 파슬리로 가니쉬한다.

향신료와 토마토로 맛을 낸

농어 요리 Braised seabass in tomato sauce with fennel ragout

재료 및 분량
[1인분]

농어 필렛sea bass filet 160g, 밀가루soft flour 10g, 마늘 슬라이스thin sliced garlic 10g, 고추 슬라이스sliced hot chili 5g, 토마토 콩카세tomato concasse 20g, 토마토소스tomato sauce 20mL, 백포도주white wine 40mL, 피시스톡fish stock 40mL, 올리브유olive oil 20mL, 바질잎basil leaf 2g, 소금과 후춧가루salt & ground pepper 적당량, 삶은 감자boiled potato 90g, 브로콜리broccoli 40g, 휀넬 라구fennel ragout 80g, 레몬 웨지lemon wedge 1pc

만드는 방법

1 농어에 소금, 후춧가루, 레몬주스를 뿌리고 밀가루를 묻힌다.

2 팬을 가열하여 올리브유를 두르고 1의 농어를 팬에 넣는다. 마늘과 고추도 함께 넣고 갈색화한 후 토마토 콩카세, 백포도주, 피시스톡, 토마토소스를 넣어 농어를 조리한다.

3 진공포장 비닐에 휀넬, 백포도주, 소금, 후춧가루를 넣고 뜨거운 물에 담가 30분 정도 익힌다.

4 3의 익힌 휀넬을 슬라이스하여 버터를 두른 팬에 넣고, 밀가루를 색상이 나지 않게 볶은 후 생크림을 넣고 반으로 졸여 소금과 후춧가루로 양념한다.

5 접시 중앙에 휀넬 라구를 놓고 그 위에 2의 농어를 올린 후 조리한 소스를 뿌린다.

6 삶은 감자, 브로콜리를 곁들여 보기 좋게 담고, 레몬 웨지와 바질잎으로 장식한다.

피시 앤 칩스

Fish & chips

재료 및 분량
[1인분]

도미 필렛sea bream filet 180g, 튀김 반죽beer batter 100mL, 튀김가루frying powder 20g, 소금salt 1g, 흰 후춧가루ground white pepper 적당량, 레몬즙fresh lemon juice 20mL, 우스터소스Worcestershire sauce 5mL, 타르타르소스tartar sauce 60mL, 튀김용 기름salad oil for deep-fat fry 300mL, 감자튀김fried potato 200g

만드는 방법

1. 도미는 3cm×6cm×2~3mm로 썰고 소금, 후춧가루, 레몬즙, 우스터소스, 백포도주를 뿌려 8시간 정도 절여 둔다marinade.
2. 절여둔 생선에 튀김가루를 묻히고, 튀김 반죽을 묻혀 170℃ 기름에서 갈색으로 튀긴다.
3. 접시에 감자튀김, 생선튀김을 담고 레몬을 곁들인다.
4. 타르타르소스는 다른 용기에 담아 함께 제공한다.

NOTE **비어 배터(Beer batter)**

• 체에 친 튀김가루(frying powder) 200g, 흰 후춧가루 1g을 믹싱 볼 가장자리에 놓고, 가운데에 맥주 200mL를 소량씩 부어가면서 나무 주걱으로 혼합한 묽은 반죽으로, 실온에서 30분간 숙성시킨 뒤 7시간만 사용한다.

09

파스타와 피자

❶ 파스타

이탈리아에서는 올리브유, 밀가루, 달걀로 반죽을 하여 얇게 펴서 만드는 것을 파스타paste라고 한다. 파스타는 생면fresh noodle과 건조면dried noodle으로 분류되는데, 생면은 이탈리아의 북부지방에서, 건조면은 남부지방에서 많이 만들어졌다. 세몰리나semolina는 듀럼밀durum wheat을 거칠게 갈은 것으로 글루텐 함량이 많아 제빵에는 적합하지 않고, 기계에서 모양을 만들고 형태를 쉽게 유지하기 때문에 건조한 파스타를 만드는 데 가장 좋은 밀가루로 파스타, 뇨끼gnocchi, 쿠스쿠스couscous에 사용된다. 파스타는 세몰리나와 물(또는 우유)을 반죽한 것으로 덩어리의 모양, 크기, 두께, 색깔에 따라 여러 종류가 있다. 마카로니macaroni와 스파게티spaghetti가 가장 잘 알려진 파스타이고 라비올리ravioli, 토텔리니tortellini는 만두처럼 속stuffing을 가지

표 2-20
파스타의 종류

이름	내용
파스타 코르타 (pasta corta)	짧은 면으로 수프에 넣는 가장 짧은 면부터 펜네(penne)까지 포함되는데 나선형(fusilli ; 푸실리), 나비 모양(farfalle ; 파르팔레), 바퀴 모양(ruote ; 루오테), 귀 모양(orecchiette ; 오레치에테), 조개 모양(conchiglie ; 콘치글리에) 등이 속한다.
파스타 런가 (pasta lunga)	10cm 이상의 긴 면으로 모든 종류의 스파게티와 리본 모양의 면(tagliatelle ; 타글리아텔레)이 해당된다.
파스타 리피에나 (pasta ripiena)	속(stuffing)을 가진 파스타로 라비올리, 토텔리니가 해당된다.

파스타의 종류	사용되는 소스	파스타의 예
건조 파스타 (dried pasta)	오일 베이스 소스, 조개류 베이스 소스, 토마토소스를 사용한다. 선선하고 건조한 곳에 보관 시 2년간 보관이 가능하다.	마카로니, 푸실리, 펜네, 스파게티 등
신선한 파스타 (soft fresh pasta)	버터를 기본으로 하는 소스, 크림을 기본으로 하는 소스에 사용한다. 물 대신 달걀을 사용하고, 공기 접촉을 막아 냉장고에서 4일간 보관이 가능하다.	페투치니(fettucine), 라자냐(lasagne), 라비올리 등

표 2-21 건조상태별 파스타의 종류

고 있다. 다양한 색깔의 파스타를 만들 수 있는데, 시금치를 이용한 초록색 파스타, 비트주스나 토마토주스를 이용한 붉은색 파스타, 오징어 먹물을 이용한 검은색 파스타가 있다.

이탈리아 용어인 '알 덴테al dente'는 영어로는 'to the tooth'로 이로 씹어 끊을 수 있을 정도를 말하며, 면 안에 얇은 심이 보이는 정도로 익힌 상태이다. 파스타는 씹었을 때 부드럽지 않고 쫄깃하여 처음 먹는 대부분의 한국인은 약간 덜 익었다는 말을 하지만, 이탈리아인들은 이 상태를 가장 좋아한다. 면의 10배에 해당하는 끓는 물에 8분 이내로 삶는데, 면의 종류나 화력에 따라 삶는 시간이 다양하다.

파스타는 형태별로 약 300여 개의 종류가 있으나, 크게 〈표 2-20〉과 같이 세 가지로 분류된다. 또한 파스타를 건조상태별로 구분하면 〈표 2-21〉과 같다.

파스타소스는 앤젤헤어angel hair와 같이 면발이 가느다랗고 얇은 파스타에는 가벼운 소스를 사용하고, 두툼하고 납작한 국수나 튜브형 파스타에는 걸쭉하고 짙은 소스가 잘 어울린다.

❷ 피자

피자에 사용하는 얇은 빵을 그리스어로 '파타'라고 하는데 이탈리아를 포함한 유럽의 남부지역 일대에서 많이 먹던 음식이다. 이 지역에서 생산된 다양한 특산물을 빵 위에 얹어 먹게 된 것이 피자의 유래라고 한다. 또한 이탈리아 국기 색인 빨간색(토마토), 흰색(치즈), 초록색(허브 및 채소) 재료를 얹어 여왕에게 바친 것이 피자의 유래가 되었다는 설도 있다. 이탈리아 피자는 제2차 세계대전 후에 파병된 미군들이 이탈리아의 피자를 본국으로 가져가면서 전 세계로 알려지기 시작하였다고 한다. 피자는 반죽의 두께에 따라 딘 피자thin pizza=wood burning pizza와 딕 피자thick pizza=pan pizza, 굽는 방법에 따라 일반피자와 그릴 피자grill pizza로 구분된다.

(1) 딘 피자

피자 반죽을 얇게 밀어서 토마토소스, 채소나 고기 혹은 해산물, 허브, 치즈를 올리고, 피자삽para으로 옮겨서 350℃ 피자 오븐 바닥에서 3~4분간 굽는 피자로 반달 모양calzone pizza이나 롤 모양의 말이roll fashion로 제공하기도 한다.

딘 피자에는 오븐 속에서 잘 녹는 모차렐라치즈mozzarella cheese, 폰타나치즈fontana cheese, 고르곤졸라치즈gorgonzola cheese, 프로볼로네치즈provolone cheese 등이 각각 혹은 함께 사용되기도 하며, 딘 피자는 구운 후에 엑스트라 버진 올리브유를 묻힌 루콜라erugula=rocket salad, 얇게 썬 파마산치즈shaved fresh parmesan cheese 혹은 파르마햄parma ham을 곁들여 제공하기도 한다.

(2) 딕 피자

얇게 밀은 반죽을 피자 팬pizza pan에 깔고 2차 발효를 시킨 후 토마토소스, 채소나 고기 혹은 해산물, 허브, 치즈 등을 올려 230℃ 피자 오븐에서 7~8분간 굽는다.

(3) 그릴 피자

옥수수 가루를 곁들인 피자 반죽을 밀고 뜨거운 석쇠에 격자무늬가 나게 구워 불맛이 스며든 반죽 위에 토핑을 올려 오븐에서 3~4분간 굽는다.

해산물 토마토소스의 페투치니

Fettuccine with seafood and tomato

재료 및 분량 [1인분]

페투치니fettuccine 100g, 올리브유olive oil 15mL, 마늘찹garlic chop 5g, 양파찹onion chop 10g, 26~30 새우shrimp 26~30 3ea, 어린 갑오징어baby squid 3ea, 그린홍합newzealand green mussels 3ea, 조갯살clam, no shell 15g, 광어살halibut fillet, cube 20g, 백포도주white wine 20mL, 토마토소스tomato sauce 100g, 바질잎basil leaf 1ea, 소금salt 적당량, 흰 후춧가루ground white pepper 적당량

만드는 방법

1 소금과 올리브유를 넣고 끓인 물에 페투치니 면을 알 덴테로 삶아 체에 건져 놓는다.

2 팬에 올리브유를 두르고 마늘, 양파를 소테한 후 새우, 갑오징어살, 홍합, 조갯살, 광어살을 넣고 소테한다.

3 백포도주를 넣는다deglaze.

4 토마토소스를 넣고 간을 한 후, 준비한 페투치니를 넣고 잘 혼합한다.

미트소스 스파게티

Spaghetti bolognase

재료 및 분량 [1인분]

스파게티spaghetti 100g, 올리브유olive oil 10mL, 마늘찹chopped garlic 5g, 양파찹chopped onion 20g, 당근찹chopped carrot 10g, 셀러리찹chopped celery 10g, 갈은 쇠고기beef ground 20g, 갈은 돼지고기pork ground 20g, 토마토홀(캔)tomato whole 100g, 월계수잎 1ea, 바질잎basil leaf 1ea, 파마산치즈parmesan cheese 10g

만드는 방법

1 소금과 올리브유를 넣고 끓인 물에 스파게티를 알 덴테로 삶아 체에 건져 놓는다.
2 냄비에 올리브유을 넣고 마늘, 양파, 당근, 셀러리를 소테한다.
3 갈은 쇠고기와 갈은 돼지고기를 넣고 소테한 후 레드와인으로 데글라이즈deglaze한다.
4 토마토홀과 월계수잎을 넣고 끓이다가 끓어오르면 시머링simmering한다. 30분간 은근히 끓여서 미트소스를 만들고, 토마토홀의 형체가 없어지면 소금과 후춧가루로 간을 한다.
5 팬에 올리브유를 두르고 스파게티를 소테한 후 미트소스를 넣고 잘 혼합한다. 파마산치즈shaved parmesan cheese와 바질잎으로 장식한다.

까르보나라 스파게티

Carbonara spaghetti

재료 및 분량
[1인분]

초록색 스파게티green spaghetti 100g, 올리브유olive oil 15mL, 베이컨 슬라이스bacon slice 20g, 양파찹chopped onion 20g, 생크림fresh cream 60mL, 달걀노른자egg yolk 1/2ea, 파마산치즈 가루parmesan cheese powder 10g, 바질잎basil leaf 1ea, 소금과 후춧가루salt & ground pepper 적당량

만드는 방법

1 스파게티를 알 덴테로 삶아 체에 건져 놓는다.
2 팬에 올리브유를 두르고 베이컨, 양파를 소테한 후 생크림을 넣고 끓인다.
3 삶아 둔 스파게티를 2에 넣고 혼합한다.
4 3에 달걀노른자 반 개와 파마산치즈 가루를 넣고 잘 혼합한다.
5 접시에 스파게티를 잘 놓고 바질잎으로 가니쉬한다.

페스토소스의 펜네

Penne pasta with basil pesto

재료 및 분량 [1인분]

펜네penne 100g, 올리브유olive oil 5mL, 바질 페스토basil pesto 20g, 잣pine nut 5g, 소금과 후춧가루salt & ground pepper 적당량

만드는 방법

1 펜네 파스타를 알 덴테로 삶아 체 건져 놓는다.
2 소테 팬에 올리브유를 두르고 익힌 펜네를 소테한 후 바질 페스토를 넣고 잘 혼합한다.
3 잣으로 가니쉬한다.

※ p.105의 바질 페스토basil pesto 참조

봉골레 파스타
Squid-ink spaghetti with clam

재료 및 분량
[1인분]

오징어 먹물 스파게티Squid-ink 100g, 올리브유olive oil 15mL, 모시조개clam with shell 100g, 백포도주white wine 50mL, 양파찹chopped onion 10g, 마늘 슬라이스garlic slice 5g

만드는 방법

1 검은색의 오징어 먹물 스파게티를 알 덴테로 삶아 체에 건져 놓는다.
2 해감시킨 모시조개를 끓는 물에 넣고 껍데기가 열리면 건져 놓는다. 삶은 조개 국물은 체에 걸러서 준비한다.
3 팬에 올리브유를 두르고 뜨거워지면 양파, 마늘 슬라이스를 넣고 소테한 후, 백포도주를 넣는다.
4 3에 삶은 면을 넣고 소테한다.
5 조개국물을 넣고, 소금과 후춧가루로 간을 한다.

꽃게 파스타 crab pasta(rose pesta)

재료 및 분량 [1인분]

양파챱onion chop 10g, 마늘챱chopped garlic 10g, 올리브유olive oil 30mL, 꽃게live crab 1ea, 브랜디brandy 소량, 화이트와인white wine 소량, 비스크스톡bisque stock 130mL, 토마토소스tomato sauce 130mL, 생크림fresh cream 130mL, 스파게티spaghetti 150g, 바질basil 1leaf, 방울토마토cherry tomato 2ea, 파슬리parlsey 1stem, 레몬lemon 1/8ea, 버터butter 10g

만드는 방법

1 스파게티를 6분 정도 삶아 체에 건져 놓는다.
2 올리브유에 마늘, 양파를 볶다가 꽃게를 볶고 브랜디와 화이트와인으로 플람베한다. 비스크스톡을 넣고 뚜껑을 덮은 후 2분 정도 꽃게를 익힌다.
3 꽃게가 어느 정도 익으면 토마토소스와 생크림, 스파게티면을 넣고 끓인다.
4 비린 맛을 잡기 위해 소량의 레몬즙과 버터 한 조각을 넣는다.
5 소스가 면에 어느 정도 흡착되면 방울토마토와 바질을 넣는다.
6 파슬리를 다져 소량을 뿌리고 마무리한다.

RECIPE

결들임 레시피

비스크스톡(Bisque stock)

재료 및 분량

절단 꽃게cutting crab 500g, 토마토쿨리tomato coulis 50mL, 토마토페이스트tomato paste 25g, 양파onion 60g, 당근carrot 30g, 셀러리celery 30g, 타임thyme 2g, 화이트와인white wine 소량, 브랜디brandy 소량

만드는 방법

1 꽃게는 물기를 제거한 후 130℃ 오븐에서 약 1시간 정도 조리하여 노릇노릇하게 굽는다.
2 냄비에 1을 넣은 후 브랜디를 넣어 잡내를 제거한다.
3 물을 넣은 후 믹서로 갈고 약 1시간 정도 중불에서 조리한다.
4 팬에서 채소를 색이 나지 않도록 볶은 후 토마토페이스트를 넣어 약 3분 정도 더 볶아 3에 넣는다.
5 토마토쿨리, 화이트와인, 타임을 첨가한 후 약 40분 정도 조리하여 면포에 걸러 비스크스톡을 완성한다.

스파게티 아라비아타 Spaghetti arrabiata

재료 및 분량
[1인분]

스파게티spaghetti 100g, 올리브유olive oil 15mL, 양파찹chopped onion 10g, 마늘찹chopped chop 3g, 거친 고춧가루red chili powder 3g, 토마토소스tomato sauce 80g, 소금과 흰 후춧가루salt & ground white pepper 적당량

만드는 방법

1 스파게티를 알 덴테로 삶아 체에 건져 놓는다.
2 팬에 올리브유를 두르고 마늘, 양파, 고춧가루를 넣어 소테한다.
3 토마토소스, 소금과 후춧가루를 넣고 간을 한 후 끓어오르면 스파게티를 넣고 잘 혼합한다.

라자니아 Lasagna

재료 및 분량
[1인분]

라자니아 파스타lasagna pasta 4pc, 미트소스meat sauce 120g, 베샤멜소스bechamel sauce 50mL, 모차렐라치즈shredded, mozzarella cheese 50g, 리코타치즈ricotta cheese 20g, 올리브유olive oil 5mL, 파슬리찹chopped parsley 3g

만드는 방법

1 라자니아 면을 알 덴테로 삶아 건져 놓는다.
2 라자니아 그릇에 올리브유를 바른 후, 라자니아 한 장을 놓는다. 미트소스를 골고루 뿌리고, 리코타치즈를 한겹씩 놓는다. 라자니아, 미트소스, 리코타치즈를 순서대로 반복해서 놓는다.
3 맨 위에 베샤멜소스를 뿌리고 모차렐라치즈를 골고루 뿌린 후, 쿠킹 포일을 덮어 175℃(350°F) 오븐에서 15~20분간 굽는다.
4 쿠킹 포일을 제거한 후 다시 오븐에 넣어 윗면이 갈색이 나게 한다.
5 파슬리로 가니쉬한다.

피자 반죽 Pizza dough

재료 및 분량
[1인분]

강력분hard flour 800g, 중력분soft flour 200g, 소금salt 20g, 이스트fresh yeast 40g, 물water 600mL, 올리브유olive oil 25mL

만드는 방법

1 피자 반죽 재료를 믹서mixer에 넣고 저속으로 2~3분, 고속으로 6~7분간 반죽하여 실온에서 30분간 1차 발효하고, 밀대를 이용하여 기공을 뺀 후 180g씩 분할한다.

2 냉장 보관한다(냉동 보관도 가능함).

콤비네이션 피자 combination pizza

재료 및 분량
[1인분]

피자 반죽pizza dough 180g, 양파onion 20g, 홍피망 & 청피망red pimento & green pimento 각 30g씩, 페퍼로니 & 살라미pepeloni & salami 각 40g씩, 표고버섯champignon mushroom 40g, 씨를 제거한 그린올리브stuffed green olive 15g, 오레가노 & 바질Oregano & basil 소량, 올리브유olive oil 10mL, 피자소스pizza sauce 80mL, 모차렐라치즈shredded Imsil mozzarella cheese 100g, 파마산치즈 가루ground fresh parmesan cheese 50g

만드는 방법

1 피자 반죽 180g을 준비한다.

2 양파, 홍피망, 청피망, 표고버섯, 살라미, 올리브를 채로 썬다.

3 반죽을 얇게 밀어 팬에 깔고 올리브유를 바른 후 피자소스를 골고루 바른다. 그리고 그 위에 향신료를 뿌린다.

4 살라미, 페퍼로니, 피망, 표고버섯, 올리브, 양파 순으로 팬에 올린다(짠 것은 아래, 수분이 많은 것은 위로 놓는다). 마지막으로 모차렐라치즈, 파마산치즈 가루를 뿌린다.

5 500℃ 오븐에서 7분간 굽는다.

10

파테와 테린

❶ 개요

테린terrine은 육류, 지방, 향신료를 질그릇이라 불리는 용기에 넣어서 익힌 것을 말하고, 파테pate는 테린에 파이 반죽을 감싸 구운 것을 말한다. 테린은 주로 포스미트forcemeat, farce(Fr.)(고기·가금류·생선·채소를 각각 곱게 갈아 양념한 것)를 용기에 채워 넣어 익힌 것이나 파테는 포스미트를 만들어 질그릇 용기에 도우dough을 편 다음 그 속에 내용물을 넣어서 감싼 후 달걀물을 발라 구워낸 것이 일반적인 개념이다.

전통적으로 파테는 파이 껍질에 둘러싸여 채워진 아주 향이 좋은 고기로, 뜨겁거나 차갑게 제공된다. 테린은 거칠게 갈아 아주 좋게 맛을 낸 고기를 질그릇을 이용해 차게 제공한다. 갈랑틴galantine은 가금류로 만든 포스미트를 조류나 짐승의 껍질로 감싸고 그 고기를 면포로 다시 감싸서 80℃ 육수에서 포우칭poaching하여 만든다. 갈랑틴은 차거나 혹은 뜨겁게 제공된다. 발로틴ballontine은 갈랑틴과 유사하지만 일반적으로 뼈 없는 가금류의 다리 껍질을 사용하고 뜨겁게 제공되는 것이 갈랑틴과는 다르다.

그림 2-3 파테와 테린, 갈랑틴

1 파테
2 테린
3 갈랑틴

파테, 테린, 갈랑틴은 종종 다진 고

기와 가니쉬를 층층으로 담아 만들어 잘랐을 때 장식적이고 모자이크적인 효과를 준다. 햄 껍질, 돼지 옆구리살을 포함하여 버섯 혹은 채소류, 송로버섯과 피스타치오와 같은 견과류 등 아주 다양한 종류의 식재료들이 가니쉬로 이용될 수 있다. 가니쉬는 항상 파테, 테린, 갈랑틴에 넣기 전에 익혀야 한다. 그렇지 않으면 조리 시 줄어들어 공기주머니air pocket를 만든다.

파테, 테린, 샤퀴테리charcuterie(돼지, 가금류, 양, 소 등의 고기 및 부속, 내장 등을 이용해 만드는 가공식품) 같은 가드망저 준비의 기본 요소인 포스미트forcemeat는 유화를 위해 살코기에 지방과 양념을 함께 넣고 갈아서 만든다. 포스미트의 종류는 다음의 네 가지로 나눈다.

- 무슬린 형태의 포스미트mousseline style forcemeat : 생선이나 닭 같은 섬세한 고기에 크림과 달걀을 혼합하여 만든다.
- 스트레이트 포스미트straight forcemeat : 기름기 없는 돼지 살코기와 돼지기름fatback, 얼음을 함께 갈아서 만든다.
- 컨트리 스타일의 포스미트country style forcemeat : 다른 포스미트에 비해 거친 질감이 있으나 보통 간을 포함한다.
- 그라탱 포스미트gratin forcemeat : 스트레이트 포스미트와 유사하나 다음과 같은 차이가 있다.
  - 고기의 일부가 다른 재료와 갈기 전에 그을려 있고 식어 있다.
  - 다른 것들과 함께 간 후에 포스미트는 일정하고, 자를 수 있는 질감이 될 때까지 충분히 섞인다.

1 고기와 돼지 기름을 정육면체로 썬다.
2 푸드 프로세서에 곱게 갈아 포스미트를 만든다.

그림 2-4 포스미트 만드는 과정

위 네 가지의 포스미트는 전문 주방에서 수 많은 요리에 응용할 수 있다. 애피타이저를 만들고, 스터핑stuffing으로 사용하며 파테, 테린과 갈랑틴을 포함한 가드망저의 특별 음식을 만들 수 있다.

❷ 파테와 테린 만들기

(1) 재료 및 장비의 선정과 준비

포스미트를 만드는 데 사용되는 모든 필요한 재료들과 장비는 항상 깨끗하게 잘 냉각되어 있어야 한다. 그래야만 기름기 없는 살코기와 지방이 적절하게 혼합될 수 있기 때문이다. 재료들은 사용될 때까지 냉장하고, 실제 준비되는 동안 용기를 얼음 위에서 작업하여 온도를 유지해야 한다. 또한 장비는 얼음물 안에서 냉각되어야 한다.

포스미트는 세 가지 기본 요소와 같이 준비된다. 좋은 고기는 포스미트의 향미와 그 자체를 제공해 준다. 지방은 풍부함과 부드러움을 위해 꼭 넣어야 한다. 지방은 잘라놓은 고기에 포함된 지방, 돼지기름의 형태와 생크림에 함유되어 있다. 양념류는 결정적인데, 특히 소금이 중요하다. 소금은 포스미트의 향미를 강화시키고 포스미트의 질감과 결합을 높이는 데 중요한 역할을 한다. 다른 양념류는 필요에 따라 첨가된다.

추가적인 요소로 가끔씩 포스미트를 결합하는 것이 필요한데, 특히 주 재료가 섬세하거나 곱게 갈리지 않았을 때 필요하다. 이런 결합제로는 달걀이나 달걀흰자, 생크림이나 파나다panada가 주로 사용된다. 빵 파나다는 빵 조각을 우유에 담가서 사용하는데, 빵과 우유의 비율을 1 : 1로 하여 빵이 우유를 흡수하도록 한다. 밀가루 파나다는 480mL의 우유당 3~4개의 달걀노른자를 넣어 만든 아주 걸쭉한 베샤멜bechamel이다. 파타슈patachoux는 쌀이나 무지방 우유 가루로 포스미트에 결합제로 사용된다.

가니쉬garnish는 포스미트 위에 종종 올려지거나 파테나 테린 몰드가 채워지는 것처럼 포스미트 안에 정렬된다. 너트 종류, 자른 고기나 채소류, 말린 과일, 트러플(송로버섯)과 같은 재료들을 선택해서 사용할 수 있다.

테린과 파테를 준비할 때에는 다양한 라이너liner(몰드 안에 대는 것)가 사용된다. 돼지기름, 햄, 프로슈토나 채소의 얇은 부분이 공통적으로 테린에 사용된다. 파테 앙 크루트는 페이스트리pastry를 라인으로 사용한 몰드 안에서 구워진다. 파테의 반죽은 반드시 보통 파이 반죽보다 더 강해야 한다. 파테 반죽은 바게트 몰드를 만드는 데도 사용된다. 또한 빵가루 외에 밀가루, 허브, 스파이스나 레몬 제스트는 반죽의 향미를 변화시키는 데 사용된다.

아스픽 젤은 젤라틴이 강한, 완전히 투명화된 육수로 양념이 되기도 한다. 아스픽은 식품에서 수분이 제거되는 것을 막기 위해, 즉 수분이나 신선함을 유지하기 위해 사용된다. 적절하게 사용되면 흰 육수에서 만들어진 아스픽 젤은 맑고, 실질적으로 색이 없다. 기본 육수가 갈색이면, 아스픽은 호박색이나 갈색이다. 다른 색은 적합한 스파이스, 허브, 채소 퓌레를 넣어서 만든다.

푸드 프로세서food processor가 섬세한 고기와 생선을 가는 데 적합하지만, 대부분의 고기는 미트 그라인더meat grinder를 사용하도록 한다. 그리고 그라인더나 푸드 프로세서의 날은 매우 날카롭다는 것을 명심해야 한다. 고기는 그라인더에 통과될 때 깨끗하게 잘려야 하고 난도질되거나 으깨지지 말아야 한다.

포스미트를 혼합하고 유지하기 위해서는 얼음이 준비되어야 한다. 포스미트는 얼음 위에서 스푼과 함께 손으로 혼합된 후 전기 믹서나 푸드 프로세서가 사용된다. 어떤 포스미트는 섬유소나 힘줄을 제거하기 위해 체를 통과시킨다. 일단 준비가 되면 포스미트는 특별 몰드뿐 아니라 파테와 테린 몰드로 알려진 질그릇 몰드를 비롯해 다양한 몰드 안에서 모양이 만들어진다.

(2) 파테 팬

몰드와 테린은 다양한 형태와 크기가 있다. 파테 앙 크루트에서는 파테를 더욱 더 쉽게 떼어낼 수 있다. 접을 수 있는 팬이나 작고 평평한 직사각형의 팬부터 아주 크고 복잡한 홈이 있는 타원형 팬까지 형태와 크기가 다양하다. 에나멜을 칠한 주철, 금속, 유리뿐 아니라 전통적인 토기 질그릇과 테린 혹은 플라스틱도 이용 가능하다. 대부분의 테린은 직사각형이거나 타원형이다.

❸ 테린과 파테 앙 크루트

(1) 테린

테린은 껍질 없이 다진 고기를 몰드에서 구워낸다. 몰드는 전통적인 토기질 그릇이나 다른 적당한 금속, 에나멜된 주철 또는 유리를 사용할 수 있다. 어떤 형태의 포스미트도 테린으로 만들어진다. 테린은 용기에 포스미트를 가득 채워 완성될 때까지 굽는데, 가장 매력적인 테린은 잘랐을 때 가니쉬가 모자이크 형태로 있는 것으로 포스미트의 층에 의해서 만들어진다. 테린은 다른 포스미트를 가지고 층을 지게 할 수도 있다. 예를 들어 연어무슬린과 하얀 파이크무슬린을 번갈아 채우면 층이 만들어진다.

테린은 다진 고기로 만들 수도 있고, 다진 고기를 사용하지 않고도 만들 수 있다. 그러나 모두 테린이라고 부르는 이유는 그것들이 몰드나 토기질 그릇에 요리되기 때문이다. 이러한 것들은 푸아그라(오리간) 테린, 채소 테린, 돼지고기 또는 젤리 테린, 무스, 릴레트rillette와 콩피confit가 포함된다.

푸아그라 테린은 인기가 높은데 만들기도 쉽다. 가금류 퓌레 간, 돼지고기 간 혹은 송아지 간에 달걀을 섞고 크림과 밀가루로 반죽을 한 다음 테린 몰드에 채운 후 굽는다. 푸아그라 테린은 식용을 위해 억지로 살을 찌운 거위나 오리의 간인 '푸아그라'에 의해 만들어진다. 푸아그라는 거의 전체가 지방으로 이루어져 있는 것이 다른 가금류의 간과 다르다. 푸아그라는 요리하는 동안 특별한 주의가 필요한데, 만약 그것이 신선하지 않거나 너무 오래 요리되면 매우 값비싼 지방 덩어리로 변하게 된다.

채소 테린은 상대적으로 지방 함유량이 적어 점점 더 인기가 높아지고 있다. 아름다운 채소 테린은 시금치 같은 잎이 많은 채소를 블랜칭blanching해서 밑에 깔고 준비된 2~3가지의 색과 향이 다른 채소들을 채운다. 다른 형태의 채소 테린은 무슬린 포

기본 테린 만들기

1 포스미트와 가니쉬를 사용하기 전까지 차게 해 둔다.
2 돼지기름(fatback)을 얇게 잘라서 몰드에 깔고 블랜칭한 채소와 다른 것들을 적당히 깐다. 안감은 얇게 깔아야 하는데 몰드 안쪽은 완전히 덮고 바깥쪽은 위에서부터 대략 2.5cm 정도 내려오게 덮는다.
3 포스미트와 가니쉬를 채울 때 공기주머니(air pocket)가 생기지 않게 주의해야 하며, 공기주머니를 제거하기 위해서는 딱딱한 몰드의 표면을 여러 번 두드려 준다.
4 라이너 혹은 플라스틱을 접어서 포스미트 위를 덮고 필요하다면 그 표면이 완전히 덮이도록 추가 라이너를 사용한다.
5 원한다면 테린 위에 허브 가니쉬를 올려 놓는다.
6 뚜껑 혹은 알루미늄 포일을 테린 위에 덮고 180℃의 오븐에서 중탕으로 익힌다. 물의 온도가 77~82℃ 사이가 되도록 오븐을 조절한다.
7 고기가 주 재료인 포스미트는 내부 온도를 66℃로 맞추고 생선과 채소가 주 재료인 포스미트는 60℃ 정도로 맞춘다.
8 오븐에서 테린을 꺼내고 시원하게 식힌다. 원한다면 테린 주위에 지방이나 액체를 붓고 찬 아스픽 젤리를 위에 덮는다.

스미트에 밝은색 채소를 넣어서 만들어지는데 잘랐을 때 모자이크 형태가 나타난다.

아스픽aspic 테린은 와인이나 향이 좋은 육수에 자른 고기(돼지의 다리, 머리, 혀)를 젤라틴과 같은 상태로 끓임으로써 만들어진다. 육수는 고기의 젤라틴화와 향을 좋게 해주고 아스픽 젤리를 투명하지 않게 만든다. 고기는 뼈에 붙어 있는 것을 주사위 모양으로 잘라내고 테린 몰드에 채워 담는다. 그리고 얼마 뒤 몰드에서 그것을 꺼내어 슬라이스한다.

무스는 달콤한 맛을 내거나 향을 좋게 할 수 있다. 작은 무스는 그대로 서브되고 큰 몰드에서 꺼낸 무스는 잘라서 서브될 수 있다.

(2) 파테 앙 크루트

포스미트가 껍질 안에서 구워지는 '파테 앙 크루트'는 샤퀴테리 작품 중 최고라 불린다. 포스미트에는 컨트리 스타일, 베이직 포스미트 그리고 무슬린이 있지만 일반적으로 많이 쓰이는 것은 베이직 포스미트이다. 파테 앙 크루트는 비록 몰드의 사용 없이 구울 수도 있지만 몰드는 작품을 더욱 더 좋게 만드는 데 도움을 준다.

파테 앙 크루트 만들기

1 파테 반죽과 포스미트를 준비해 두고 포스미트를 사용할 때까지 차게 해둔다.
2 반죽을 두께 3mm 형태의 사각형으로 만든다.
3 패턴으로서 파테 몰드를 사용하여, 얼마나 많은 도우(dough)가 그 안의 라인을 필요로 하는지 결정한다.
4 몰드 안쪽에 가볍게 버터를 바른다.
5 밀가루를 묻힌 큰 직사각형 도우에 가루를 살짝 뿌리고, 그것을 몰드에 넣은 후 바깥으로 접는다.
6 손가락을 사용하여 도우 트리밍으로부터 만들어진 반죽을 몰드의 코너 안에 말끔하게 넣는다. 도우가 모든 면과 코너에 딱딱해질 때까지 계속 한다.
7 도우를 정돈하고, 끝의 2cm를 남기고 충분한 도우를 덮는다.
8 몰드의 윗부분 주위에 2cm 정도의 여유분을 남기고 도우에 선을 그은 후, 돼지기름(fatback)이나 얇은 햄 조각으로 몰드를 덮는다. 이 층은 흠뻑 젖게 만들어진 습기 찬 포스미트로 접촉하는 페스트리 껍질을 보호한다.
9 몰드의 가장 꼭대기 아래 1.2cm까지 포스미트로 채우고, 가장자리에 공기주머니(air pocket)가 생기지 않도록 포스미트를 잘 눌러 준다. 층 지게 하는 것과 가니쉬는 적당히 한다.
10 포스미트의 가장 윗부분을 돼지기름 혹은 햄으로 덮고, 전체 표면을 모두 덮기를 원한다면 몇 개 더 사용한다.
11 패스트리(pastry)의 드러난 표면을 브러시로 털어 준다.
12 요리하는 동안 증기가 빠져나가도록 하기 위해 라운드 커터를 사용해서 가장 윗부분에 하나 혹은 두 개의 구멍을 뚫는다.
13 230℃(450℉)로 예열된 오븐에서 15분 동안 파테를 굽고, 그후 파테 표면 위에 알루미늄 포일을 덮는다. 180℃(350℉)로 온도를 낮추고, 내부 온도가 고기 파테는 66℃(150℉), 생선 혹은 채소 파테는 60℃(140℉)에 도달할 때까지 계속하여 굽는다.
14 파테를 적어도 1시간 혹은 밤새도록 차갑게 해준다. 요리하는 동안 파테가 줄어들 때 만들어진 공간 안에 깔때기를 사용하여 차가운 아스픽 젤리를 주입한다.

스프링 테린

Spring terrine

재료 및 분량 [10인분]

아스파라거스asparagus 500g, 허브 아스픽herb aspic 400mL, 바닷가재 꼬리lobster tail 300g, 양송이버섯champignon 200g, 당근carrot stick 100g, 물water 200mL, 오렌지주스orange juice 20mL, 설탕white sugar 10g, 검은 통후추black peppercorns 15ea, 레몬lemon fresh 30g, 무radish 200g, 라디치오radicchio 150g, 셀러리celery 20g, 양파onion 40g

만드는 방법

1 아스파라거스는 껍질을 제거하고 끓는 소금물에서 1~2분간 데쳐blanching 찬물에 식힌 후, 물기를 제거해 둔다.
2 당근은 물, 설탕, 오렌지주스, 월계수잎, 검은 통후추, 레몬을 넣고 끓는 물에서 3~4분간 삶아 식히고 물기를 제거해 둔다.
3 물, 셀러리, 레몬, 검은 통후추, 양파를 넣고 끓이다가 끓어오르면 바닷가재 꼬리를 넣어 5~6분간 삶은 후 물에서 식히고, 껍데기를 제거해서 준비해 둔다.
4 양송이버섯은 오븐에서 1~2분간 굽는다.
5 허브 아스픽은 30~35℃을 유지한다.
6 테린 몰드에 아스파라거스를 놓고 허브 아스픽을 채워 굳으면 당근, 바닷가재, 양송이버섯, 아스파라거스의 순서로 아스픽 작업을 반복한 후 냉장고에서 12시간 동안 굳힌다.
7 테린을 몰드에서 분리한 후 1.5cm 두께로 썰어 접시에 담는다.
8 신선한 채소를 곁들인다.

결들임 레시피

허브 아스픽(Herb aspic)

재료 및 분량
[1L]

젤라틴gelatine leaf 1kg, 물water 2L, 타임fresh thyme 5g, 로즈마리rosemary 5g

만드는 방법

1 젤라틴은 차가운 물에 넣고 투명해질 때까지 불린다.
2 자루냄비에 불린 젤라틴과 허브를 넣고 끓이다가 끓어오르면 시머링으로 7~8분간 조리하고 면포로 걸러서 식힌다.
3 냉장고에 보관한다.

파테 도우 Pate dough

재료 및 분량
[10인분]

밀가루flour 1kg, 돼지기름pork fat 100g, 버터나 마가린butter or margarine 250g, 물water 400mL

만드는 방법

1 버터는 실온에서 크림 상태가 되도록 한다.
2 밀가루는 고운 체에 친다.
3 믹서에 밀가루, 버터, 돼지기름, 물을 넣어 손에 묻지 않을 때까지 잘 혼합하여 반죽을 만들고, 비닐로 감싸서 8시간 동안 냉동실에서 휴지시킨다.

거위간 테린 Goose liver terrine with raspberry sauce

재료 및 분량
[1인분]

거위간 테린goose liver terrine(60g×2pc) 120g, 신선한 샐러드fresh salad endive, green vitamin, water cress 60g, 허브 비네그레트herb vinaigrette 20mL, 산딸기소스raspberry sauce 40mL, 부용 큐브small diced bouillon cube 30g, 마늘빵garlic bread 1pc

만드는 방법

1 접시에 신선한 샐러드, 거위간 테린을 담고, 산딸기소스를 뿌린다.
2 1에 허브 비네그레트를 뿌린다.
3 부용 큐브와 마늘빵을 곁들여 제공한다.

대니쉬 리버 파테 Danish liver pate

재료 및 분량
[10인분]

버터butter 30g, 밀가루flour 14g, 우유milk 200mL, 생크림fresh cream 200g, 돼지간 큐브pork liver, cubes 450g, 돼지기름 큐브pork fat, cubes 300g, 달걀egg 2ea, 양파찹chopped onion 90g, 앤초비anchovy 3ea, 소금과 후춧가루salt & ground pepper 적당량, 정향cloves 소량, 파테 몰드용 돼지기름pork fat for pate mold 300g

만드는 방법

1 버터를 녹인 후 밀가루를 넣어 잘 혼합한다. 우유와 생크림을 넣고 잘 저으면서 끓인 후 식힌다.
2 돼지간과 기름을 블렌더로 잘 간 후 여기에 1의 혼합물을 넣고 입자가 고와질 때까지 갈아 준다.
3 달걀, 양파, 앤초비, 향신료를 2에 넣는다.
4 파테 몰드를 돼지기름으로 깐 다음, 3의 혼합물로 채우고 그 위를 돼지기름으로 덮는다.
5 오븐에서 중탕으로 2시간 동안 굽는다.

치킨 갈랑틴 Chicken galantine

재료 및 분량

닭whole chicken 1ea(1.2kg), 닭가슴살chicken breast 1ea(80g), 달걀egg 3ea, 생크림fresh cream 300mL, 브랜디brandy 50mL, 소금salt 적당량, 흰 후춧가루ground white pepper 적당량, 표고버섯pyogo mushroom 100g, 당근carrot diced 100g, 완두콩green peas 100g, 피스타치오pistachio 100g, 건조살구dried apricot 300g, 파슬리찹chopped parsley 100g, 치킨스톡chicken stock 3L, 면포cheese cloth 70cm

[1인분 제공 시]

치킨 갈랑틴chicken galantine 160g, 베이비샐러드mixed baby salad 40g, 라스베리 비네그렛raspberry vinaigrette 30mL, 바질오일basil oil 20mL

만드는 방법

1 닭뼈 제거하기 : 닭은 도마에 등이 위를 향하도록 놓고, 본 나이프bone knife로 닭의 목, 날개, 꼬리 부분의 기름 주머니를 제거한다. 칼끝을 등 껍질을 따라 꼬리까지 넣은 후 껍질이 터지지 않도록 칼을 안쪽으로 더 넣어 몸통뼈-다리뼈-날개뼈와 힘줄을 제거한다. 소금과 후춧가루로 밑간을 한다.

2 뼈를 제거한 닭은 껍질이 아래로 향하도록 펼쳐 놓고, 살코기가 많은 닭가슴살은 1cm보다 두꺼운 부분을 자른다. 잘라낸 닭가슴살은 5mm×5mm로 다시 잘라 소금과 후춧가루로 양념하고, 푸드 프로세서로 갈은 후 달걀흰자, 생크림을 차례로 조금씩 부어 나무주걱으로 반죽한다(손이 무스에 닿지 않도록 주의).

3 당근과 표고버섯은 다이스로 썬 후 당근은 끓는 물에 데친다(약 3분).

4 정형한 닭껍질이 아래로 향하도록 도마에 펼쳐 놓고, 닭무스를 바르고 건조살구, 삶은 당근, 표고버섯, 완두콩, 껍질을 제거한 피스타치오, 다진 파슬리를 올린 후 가장자리부터 둥글게 말아둔다. 다시 면포로 감싸고 말아서 묶어 갈랑틴을 만든다.

5 치킨스톡에 갈랑틴을 넣고 컴백션 오븐에서 100℃로 40분간 조리한다. 갈랑틴을 치킨스톡으로부터 건져 시트 팬에 놓은 후 무거운 것(약 2kg)으로 눌러둔다.

6 베이비샐러드를 접시에 담고, 라즈베리 비네그렛(다진 샬롯, 레드와인, 올리브유, 레몬즙, 소금, 후춧가루, 다진 라즈베리 혼합물)을 뿌린 후, 세 쪽으로 썬(합 160g) **5**의 치킨 갈랑틴을 담고, 바질오일을 뿌려 제공한다.

겯들임 레시피

치킨 테린과 그린샐러드

재료 및 분량 [1인분]

치킨 테린chicken terrine 120g, 모듬 샐러드assorted green salad 30g, 라즈베리 비네그레트raspberry vinaigrette 15mL, 바질오일basil oil 15mL

만드는 방법

1 치킨 테린을 1cm 두께로 슬라이스한다. 접시에 테린을 둘러 담고 각종 샐러드로 가니쉬한다.

2 라즈베리 비네그레트와 바질오일을 뿌린다.

치킨 테린 Chicken terrine

재료 및 분량 [20인분]

닭가슴살chicken breast 1kg, 생크림fresh cream 1L, 소금salt 25g, 흰 후춧가루white pepper ground 적당량, 달걀whole egg 2.5ea, 표고버섯 슬라이스pyogo mushroom sliced 400g, 상트렐레버섯 슬라이스chantelle mushroom sliced 50g, 건살구dried apricot 300g, 파슬리찹chopped parsley 100g, 피스타치오pistachio 125g

만드는 방법

1 닭가슴살을 정육면체로 자른 후 푸드 프로세서에 넣어 갈아 놓는다. 여기에 생크림, 달걀, 피스타치오, 파슬리를 넣고 나무주걱으로 혼합한다.

2 1을 믹싱 볼에 담은 후에 표고버섯, 상트렐레버섯, 건살구, 소금과 후춧가루를 넣어 잘 혼합한다.

3 몰드에 2의 혼합물을 채운다.

4 150℃로 예열된 오븐에 넣어 35분(작은 직사각형 몰드의 경우) 혹은 1시간(큰 직사각형 몰드의 경우) 동안 중탕으로 익힌다.

채소를 넣은

해산물 테린 Seafood terrine with young vegetable

재료 및 분량
[10인분]

껍질을 제거한 새우peeled shrimp 400g, 연어diced salmon 400g, 킹피시diced king fish 400g, 청고추green pepper 100g, 홍고추red pepper 100g, 당근carrot diced 100g, 허브 아스픽herb aspic 500mL, 토마토 드레싱tomato dressing 300mL, 시금치spinach 200g, 양상추lettuce 200g

만드는 방법

1 새우, 연어, 킹피시는 오븐에서 색깔이 나지 않게 구운 후 연어 표면의 흰 고형물은 제거하고 식힌다.
2 아스픽은 30~35℃로 준비한다.
3 사각형 테린 몰드에 연어를 담고 아스픽을 채워서 굳으면 고추, 킹피시, 당근으로 반복작업을 하고 완성되면 뚜껑을 덮어 냉장고에서 12시간 동안 굳힌다.
4 테린은 몰드에서 꺼내어 1cm 두께로 썰어서 접시에 담고, 시금치와 양상추를 담은 후, 토마토 드레싱을 곁들여 제공한다.

사프란을 넣은

스칼롭 테린 Scallop terrine with saffron

재료 및 분량
[10인분]

관자scallop(1pinch) 560g, 사프란saffron 소량, 생크림fresh cream 600mL, 달걀흰자egg white 4ea, 백포도주white wine 200mL, 껍질 벗긴 피스타치오pistachio, peeled 100g, 데친 시금치spinach, blanched 200g, 농어sea bass 500g

만드는 방법

1 백포도주에 사프란을 넣고 40℃에서 30분간 불린다.
2 생크림은 얼음에 받쳐, 두 배로 부풀도록 거품기로 휘핑한다.
3 관자와 농어는 물기를 제거하고 -1~2℃ 냉동실에서 30분간 차게 한다.
4 푸드 프로세서에 관자와 농어를 넣고 곱게 간다.
5 믹싱 볼에 얼음을 받치고 4와 달걀흰자 1개를 넣고 나무주걱으로 혼합한 후 반복하여 달걀흰자를 혼합한다. 피스타치오, 백포도주, 사프란을 불린 포도주를 넣고, 생크림을 넣어 거품이 꺼지지 않도록 나무주걱을 밑에서 위로 저어서fold 생선 무스를 만든다.
6 비닐을 펼쳐서 그 위에 생선 무스를 40cm×15cm×2cm로 펼치고, 데친 시금치를 겹쳐 놓은 후 말아서jelly roll fashion 거품을 제거하고, 끝 가장자리로 묶는다.
7 6을 80℃ 물속에 넣고 40분간 포우칭한다.
8 물에서 꺼내어 무거운 것으로 누르면서 식힌다.

11 샌드위치

❶ 개요

(1) 유래

샌드위치는 영국의 샌드위치 백작 4세인 존 몬타큐John Montagu, the 4es Earl of Sandwich의 이름을 따서 붙여진 것이다. 평소 도박을 좋아하던 샌드위치 백작이 식사를 위해 자리를 뜨는 대신 얇게 썬 빵 사이에 다양한 재료를 끼워 먹은 데서 유래되었다. 샌드위치는 로마시대부터 이미 존재했다고 하는데 빵 사이에 고기, 치즈 등을 넣어 다양한 모양으로 계속 발전하였고, 현대의 샌드위치는 한 끼의 균형 있는 식사로도 충분하게 되었다.

(2) 제조 시 주의사항

샌드위치를 만들 때에는 다음의 세 가지 유의사항을 확인해야 한다.

- 편리성convenience : 사용하는 기계를 포함한 모든 재료들은 작업자 가까이에 있어야 편리하다.
- 온도coldness : 샌드위치 제조 시 스프레드spread, 제공되는 장식garnish은 냉장고에서 차갑게 보관되어야 한다.

- 청결cleanliness : 작업자의 손, 작업도구, 작업장은 항상 깨끗하고 위생적인 상태를 유지해야 한다.

또한 효율적인 샌드위치 작업을 위해서는 다음과 같은 사항에 주의해야 한다.

- 빠른 작업을 위해 샌드위치에 사용되는 재료들은 언제든 사용할 수 있도록 손질되어 있어야 한다.
- 작업대와 그 주변은 생산량을 고려한 효율적 조직이 되어야 한다.
- 재료와 작업도구는 작업동작과 시간을 감안한 배치가 이루어져야 한다.
- 샌드위치 작업은 시스템화되어야 한다.
- 샌드위치에 제공되는 장식garnish은 눈에 띄어야 한다.

(3) 샌드위치에 사용되는 빵

- 풀먼 토스트 빵pullman toast bread : 식빵을 직사각형 모양으로 만들어 7mm 정도의 두께로 썰어서 샌드위치에 사용한다.
- 이탈리아 바게트Italian baguette : 하얀색이 특징이며, 6cm×14.5cm 크기의 타원형으로 만들어 사용한다.
- 치아바타ciabatta : 이탈리아 빵으로 껍질은 딱딱하고 속이 부드러우며, 8cm×14.5cm 정도의 직사각형 모양으로 만들어 사용한다.
- 호밀빵rye bread : 호밀가루를 이용해서 만든 사각형 혹은 타원형으로 7mm 정도의 두께로 썰어서 사용한다.
- 프렌치 브레드French bread : 바게트baguette라고도 하는데, 외부는 바삭하고 속은 부드러우며 썰어서 사용하거나 6cm×14.5cm 크기의 긴 타원형으로 만든다.
- 베이글bagel : 베이글은 달걀·우유·버터 등을 넣지 않고, 밀가루·이스트·물·소금만으로 만든다. 따라서 지방·당분 함량이 적고 칼로리가 낮아 소화가 잘 된다. 밀가루 반죽을 오븐에 넣어 직접 구운 일반 빵과 달리, 반죽을 끓는 물에 한 번 데쳐

서 겉을 익힌 후 굽는 것이 특징이다.

- 포카치아focaccia bread : 이탈리아 허브빵으로 3~4cm 두께로 크게 만들어 잘라서 사용한다.
- 크루아상croissant : 프랑스 빵으로 알려져 있지만 역사 깊은 헝가리의 빵이다. 크루아상은 프랑스어로 '초승달'을 의미한다.
- 사워도우 브레드sour dough bread : 반죽을 3~5일간 발효시켜서 만든 식빵이다.

(4) 스프레드

샌드위치 빵에 습기가 스며드는 것을 지연시키고moisture barrier, 구운 빵의 딱딱한 질감을 부드럽게 하며, 새로운 맛flavor을 즐기기 위하여 샌드위치용 빵에 바르는 것을 스프레드spread라고 한다. 그 종류는 다음과 같다.

- 버터butter : 구워서 따스한 빵에 버터를 바름으로써 쉽게 흡수될 수 있도록 한다.
- 마요네즈mayonnaise : 차가운 빵에 많이 사용한다.
- 토마토 살사tomato salsa : 토마토 200g, 쪽파 20g, 설탕 5g, 레몬즙 소량, 바질잎 소량, 올리브유 20mL, 발사믹 식초 3mL를 이용한다. 토마토에 새콤한 맛이 가미된 것으로 훈제한 칠면조, 훈제한 닭고기 등의 훈제한 가금류에 곁들이면 진한 훈제향과 잘 어울린다.
- 타프나드tapenade, 1,100g : 블랙 올리브 500g, 케이퍼 200g, 앤초비 10g, 마늘 15g, 올리브유 400mL를 푸드 프로세서에 넣고 곱게 갈아서 사용한다.
- 바질 페스토basil pesto, 170mL : 신선한 바질 30g, 엑스트라 버진 올리브유 100mL, 볶은 잣 20g, 곱게 갈은 파마산치즈 10g, 볶은 마늘 10g, 소금 2g, 통후추 0.5g을 푸드 프로세서나 블렌더로 곱게 갈은 것이다.
- 머스터드mustard : 서양 겨자
- 구아카몰 무스guacamole mousse : 아보카도, 레몬즙, 껍질 벗긴 토마토를 섞은 것이다.

(5) 가니쉬

샌드위치의 퍽퍽함을 보완하기 위하여 곁들여 제공하는 것으로 다음과 같다.

- 딜 피클dill pickle
- 콜슬로 샐러드coleslaw salad
- 감자튀김French fried potatoes
- 체리토마토cherry tomatoes

(6) 샌드위치 자르기

식빵으로 만든 샌드위치는 빵의 가장자리가 딱딱하기 때문에 제거하며, 샌드위치의 종류에 따라서 2~4쪽으로 자른다.

- 클럽 샌드위치club sandwich : 4등분으로 자른 삼각형 모양
- 레귤러 샌드위치regular sandwich : 직사각형 모양으로 3등분 혹은 삼각형 모양으로 2등분하여 자름
- 오픈 샌드위치open sandwich : 한입 크기로 빵을 썰은 후에 만듦

❷ 샌드위치 분류

샌드위치에 사용한 빵의 쪽 수에 따라 구분한다. 빵 세 쪽으로 만드는 클럽 샌드위치, 빵과 빵 사이에 내용물을 넣어 만드는 레귤러 샌드위치, 한 쪽의 빵 위에 다양한 재료들을 올려서 완성하는 오픈 샌드위치로 구분하며, 뜨겁게 혹은 차갑게 제공되기도 한다. 그리고 현대에 개발된 샌드위치로, 더블 그릴double grill이라는 조리장비를 사용하여 조리 후 뜨겁게 제공하는 파니니 샌드위치panini sandwich가 있다.

(1) 클럽 샌드위치

빵 세 쪽을 사용해서 만드는 샌드위치로 빵 세 쪽에 스프레드를 바르고 베이컨, 로스팅한 닭고기, 훈제한 칠면조 가슴살, 달걀프라이, 토마토 등을 켜켜이 넣은 것이다. 각 영업장의 명칭을 붙여서 고유한 형태로 개발하여 제공하기도 한다.

(2) 레귤러 샌드위치

빵에 습기가 스며드는 것을 완화시키기 위해 스프레드를 바르고, 두 쪽의 빵을 사용하여 만든다. 빵 사이에 고기, 생선, 달걀, 채소 등이 들어가는데 샌드위치로 사용하는 내용물에 따라 그 이름이 바뀌며, 뜨겁거나 차갑게 제공한다. 참치 샌드위치, 햄버거 등이 해당된다.

(3) 오픈 샌드위치

한 쪽의 빵 위에 습기가 스며드는 것을 완화시키기 위해 스프레드를 바르고, 그 위에 내용물을 올려서 완성한 샌드위치이다. 사용하는 내용물에 따라 그 이름이 정해지며, 뜨겁거나 차갑게 제공하고 브루쉐타, 루번 샌드위치가 해당된다.

(4) 파니니 샌드위치

더블그릴double grill에 구운 샌드위치로 빵의 안쪽 면을 갈색으로 구운 후 습기가 스며드는 것을 완화시키기 위해 스프레드를 바르고, 그 위에 내용물을 올려서 샌드위치를 만든다. 양쪽 면을 250℃로 가열된 더블그릴에서 6분간 구운 후 90°를 돌려서 다시 6분간 구워 외부에 격자무늬가 나게 하고 뜨겁게 제공한다. 사용하는 재료에 따라 각각의 샌드위치 이름이 정해진다.

클럽 샌드위치
Club sandwich

재료 및 분량 [1인분]

닭가슴살chicken breast 100g, 바삭하게 구운 베이컨grilled & crispy bacon 40g, 달걀egg 1ea, 토마토 슬라이스fresh tomatoes 4pc, 마요네즈mayonnaise 20mL, 양상추잎lettuce leaf 40g, 식빵toast bread(50g) 3pc, 감자튀김French fried potato 150g, 소금과 후춧가루salt & ground pepper 적당량

만드는 방법

1 닭가슴살 가운데를 칼로 저며 넓게 만들고, 소금과 후춧가루로 간을 한 후 앞뒤를 소테한다.

2 달걀은 지단egg pancake으로 만들거나 프라이로 준비한다. 훈제한 칠면조 가슴살이나 로스트하거나 그릴한 닭가슴살(발사믹 식초를 발라서 브로일러에 구워 사용)로 대체하여 사용 가능하다.

3 식빵 세 쪽은 갈색으로 토스트하고, 구운 식빵의 한 면에 마요네즈를 바른다. 마요네즈를 바른 면을 위로 하여 놓고 그 위에 양상추, 구운 베이컨, 토마토를 순서대로 올린다.

4 두 번째 빵을 올리고, 그 위에 양상추, 닭가슴살, 토마토를 순서대로 올린다. 세 번째 빵은 마요네즈를 바른 면이 아래로 향하게 하여 덮고, 4개의 이쑤시개로 클럽 샌드위치를 고정시킨다.

5 빵 가장자리의 딱딱한 부분을 제거하고, 대각선으로 두 번을 썰어서 삼각형 네 쪽이 되도록 완성한다.

6 접시에 샌드위치를 놓고, 각종 채소와 감자튀김을 곁들여 제공한다.

참치 샌드위치

Tuna sandwich

재료 및 분량
[1인분]

마요네즈mayonnaise 20mL, 잉글랜드 머스터드England mustard 5g, 양상추잎lettuce leaf 40g, 식빵toast bread(50g) 3pc, 참치 샐러드tuna salad 100g, 감자튀김French fried potato 150g

만드는 방법

1. 식빵 안쪽에 마요네즈와 겨자를 혼합해서 골고루 바른다.
2. 식빵에 양상추를 올려 놓고, 그 위에 참치 샐러드를 골고루 놓는다.
3. 빵의 가장자리 딱딱한 부분은 제거하고, 대각선으로 두 번을 썰어서 삼각형 네 쪽이 되도록 완성한다. 감자튀김과 함께 제공할 수도 있다.

NOTE

- 참치는 캔에 들어 있는 것을 사용하는데 스웨덴산 참치 통조림은 이미(異味)가 없다.

곁들임 레시피

참치 샐러드(Tuna salad)

재료 및 분량 [5~6인분]

기름을 제거한 참치white tuna(스웨덴산 300g) 2can, 거칠게 다진 셀러리coarsely chopped celery 120g, 거칠게 다진 양파coarsely chopped onion 60g, 마요네즈mayonnaise 45g, 신선한 레몬즙fresh lemon juice 10mL, 거칠게 다진 삶은 달걀coarsely chopped hardboiled egg 90g, 거칠게 다진 케이퍼coarsely chopped caper 10g, 볶은 아몬드sliced & roasted almond 5g, 볶은 호두crushed & roasted walnut 6g, 소금과 후춧가루salt & ground pepper 적당량

만드는 방법

모든 재료를 잘 혼합하고 소금과 후춧가루로 간을 한다.

브루스케타 Bruschetta with tomato salad and mozzarella cheese

재료 및 분량 [1인분]

포카치아 빵sliced focaccia bread 1ea, 올리브유olive oil 5mL, 마늘찹chopped garlic 10g, 양파찹chopped onion 10g, 토마토diced fresh tomato 300g, 바질찹chopped basil 8g, 소금과 후춧가루salt & ground pepper 적당량, 엑스트라 버진 올리브유extra virgin olive oil 20mL, 모차렐라치즈sliced soft mozzarella cheese 80g, 신선한 샐러드fresh salad 40g, 이탈리안 드레싱Italian dressing 20g

만드는 방법

1 포카치아 빵은 올리브유를 발라서 갈색이 나게 굽는다.
2 믹싱 볼에 마늘, 양파, 토마토, 바질, 소금, 후춧가루, 엑스트라 올리브유를 혼합하여 갈색으로 구운 포카치아 빵 위에 올리고, 모차렐라치즈를 덮어서 살라맨더에서 치즈를 녹인 후 접시에 담는다.
3 접시에 신선한 샐러드와 이탈리안 드레싱을 곁들여 제공한다.

게살 샌드위치

Crab sandwich

재료 및 분량
[1인분]

크루아상small croissant 3ea, 게살 샐러드crabmeat salad 100g, 양상추lettuce iceberg 20g, 버터soft butter 5g

만드는 방법

1 크루아상은 2등분하여 양쪽에 버터를 바른다.
2 자른 크루아상의 아래에 양상추를 올려 놓고 게살 샐러드를 놓은 후, 크루아상 뚜껑으로 덮는다.
3 게살 샌드위치는 차갑게 제공한다.

곁들임 레시피

게살 샐러드(Crab salad)

재료 및 분량 [5인분]

홍게살crab meat 500g, 거칠게 다진 양파coarsely chopped onion 60g, 거칠게 다친 청피망coarsely chopped green pimento 20g, 거칠게 다진 홍피망coarsely chopped red pimento 10g, 거칠게 다진 오이피클coarsely chopped cucumber pickle 10g, 마요네즈mayonnaise 45g, 소금과 후춧가루salt & white ground pepper 적당량

만드는 방법

모든 재료를 잘 혼합한다.

파르마햄과 모차렐라치즈로 맛을 낸

샌드위치 Parma ham and mozzarella cheese sandwich

재료 및 분량 [1인분]

핫도그 빵 or 치아바타hot dog baguette or ciabatta(14.5cm×10cm, 120g) 1ea, 파르마햄sliced prosciutto ham(20g) 2ea, 모차렐라치즈sliced mozzarella cheese(60g) 1ea, 바질sliced fresh basil 2g, 양파 슬라이스sliced onion 10g, 크림치즈 스프레드cream cheese spread 25g, 토마토 슬라이스sliced tomato(60g) 3pcs

만드는 방법

1 치아바타 빵은 끝부분 5mm 정도를 남기고 분리되지 않게 이등분으로 잘라서 펼친다.

2 빵 밑면에 크림치즈 스프레드, 양파, 바질, 파르마햄, 토마토, 모차렐라치즈를 올리고 250℃로 가열된 더블그릴에 넣고 3초간 격자무늬와 갈색이 나게 굽는다.

3 2등분으로 썰어서 종이 포장지에 담고, 전자레인지에 50초간 가열하여 뜨겁게 제공한다.

오픈 샌드위치
Open sandwich

재료 및 분량 [1인분]

두께가 얇은 프렌치 바게트mini French baguette 1ea, 버터soft butter 15g, 파스트라미sliced pastrami 120g, 포도black grape 10g, 브리치즈brie cheese 20g, 훈제 연어sliced smoked salmon 30g, 홀스래디쉬horseradish 5g, 케이퍼caper 2g, 양파링onion ring 3g, 거위간 테린gooseliver terrine 40g, 파르마햄pama ham 300g, 구운 닭가슴살grilled chicken breast) 50g, 구운 새우grilled shrimp 50g, 피클pickle 40g, 콜슬로 샐러드coleslaw salad 80g

만드는 방법

1 프렌치 바게트는 4mm 두께로 6등분하여 각각 버터를 바른다.
2 버터를 바른 면 위에 파르마햄, 거위간 테린, 구운 닭가슴살, 구운 새우, 파스트라미, 브리치즈, 훈제 연어를 올려놓고 장식을 한 다음 접시에 담는다.
3 훈제 연어 위에는 양파링, 홀스래디쉬, 케이퍼를 곁들이고 치즈 위는 포도로 장식한다.
4 피클과 콜슬로 샐러드를 곁들인다.

NOTE **오픈 샌드위치에 활용하는 주 재료**

- 거위간(foie gras), 새우(shrimp), 바닷가재(lobster tail), 캐비어(caviar), 로스팅한 쇠고기 등심(roasted sirloin of beef), 파르마햄(parma ham), 훈제한 칠면조(smoked turkey)

닭가슴살 파니니 샌드위치

Chicken breast panini sandwich

재료 및 분량 [1인분]

이탈리안 바게트Italian baguette(100g) 1ea, 바질-마늘-마요네즈 스프레드basil & garlic mayonnaise spread 10g, 세미 선드라이 토마토shredded semi sun-dried tomato 35g, 프로블로네치즈thick sliced provolone cheese(0.3mm) 50g, 구아카몰guacamole-mix with fresh avocado 30g, 구워 길게 썬 닭가슴살shredded grilled chicken breast 80g, 신선한 샐러드green salad 40g, 비네 그레트 or 발사믹 드레싱vinaigrette or balsamic dressing 20mL, 올리브유olive oil 적당량, 옥수수 가루 semolima 3g

만드는 방법

1 이탈리안 바게트는 2등분하여 내부만 더블그릴에서 갈색으로 굽고, 빵을 펼쳐서 바질-마늘-마요네즈 스프레드를 순서대로 빵의 양면에 바른다.

2 세미 선드라이 토마토, 구운 닭가슴살을 올리고 구아카몰을 바른다. 프로블로네치즈를 올리고 빵 뚜껑을 닫은 후, 올리브유를 빵 뚜껑에 바르고 고운 옥수수 가루를 뿌린다.

3 더블그릴에서 12분간(6분간 구운 후 돌려서 격자무늬를 만듦) 구워서 접시에 담고, 신선한 샐러드와 드레싱을 곁들인다.

결들임 레시피

바질-마늘-마요네즈 스프레드

재료 및 분량 곱게 다진 마늘finely chopped garlic 15g, 곱게 다진 바질잎chopped fresh basil 5g, 마요네즈 mayonnaise 70g

만드는 방법 모든 재료들을 잘 혼합하여 냉장고에 보관한다.

석쇠에 구운 닭가슴살

재료 및 분량 껍질을 제거한 닭가슴살chicken breast without skin 1kg, 소금salt 5g, 검은 후춧가루ground black pepper 1g, 올리브유olive oil 100mL

만드는 방법
1 닭가슴살을 소금, 후춧가루, 올리브유 혼합물에 넣고 하루 동안 절여 둔다.
2 가열한 석쇠에 절인 닭가슴살을 올려 골고루 갈색이 나도록 굽는다.

구아카몰 무스

재료 및 분량 구아카몰 무스guacamole mousse 50g, 신선한 아보카도fresh avocado 50g

만드는 방법 씨와 껍질을 제거한 아보카도를 으깬 후 구아카몰 무스에 혼합한다.

신선한 샐러드와 드레싱

재료 및 분량 그린 치커리green chicory 10g, 콘샐러드 잎corn salad 10g, 비타민 잎vitamin 5g, 물냉이 watercress 5g, 롤라로사rola rosa 5g, 발사믹 드레싱balsamic dressing 20mL

만드는 방법 준비된 신선한 샐러드를 혼합한 후 발사믹 드레싱을 뿌린다.

채식가를 위한

채소 샌드위치 Vegeterian sandwich

재료 및 분량 [1인분]

포카치아 빵focaccia bread(14.5cm×10cm, 150g) 1ea, 구운 마디호박과 요구르트를 혼합한 스프레드roasted zucchini spread & plain yoghurt 25g, 구운 가지grilled & marinated eggplant 30g, 구운 피망grilled & marinated red & green pimento 50g, 이탈리아 토마토 슬라이스sliced Italian tomato large 60g, 아루굴라arugula 15g, 신선한 모차렐라치즈sliced fresh mozzarella cheese 50g, 양파 슬라이스sliced onion 10g

만드는 방법

1 포카치아 빵은 제시된 두께로 2등분하여 구운 마디호박 스프레드를 바르고, 그 위에 아루굴라, 구운 가지, 구운 피망, 양파, 토마토, 신선한 모차렐라치즈를 올린다.

2 2등분으로 썰어서 제공한다.

RECIPE

곁들임 레시피

구운 마디호박과 요구르트 스프레드

재료 및 분량

마디호박zucchini 1kg, 플레인 요구르트yoghurt plain 300g, 올리브유olive oil 40g, 소금과 후춧가루salt & ground pepper 2g, 쪽파green onion 40g

만드는 방법

1 마디호박은 스트립(strip) 모양으로 썰어서 올리브유와 혼합하여, 180℃ 오븐에서 10~12분간 굽는다.

2 차게 식혀서 요구르트, 쪽파와 혼합한다.

3 소금과 후춧가루로 양념한다.

햄버거 Hamburger

재료 및 분량
[1인분]

구운 베이컨roasted & crispy bacon 20g, 양파sliced onion 20g, 토마토sliced tomatoe 20g, 신선한 겨자잎fresh mustard green 30g, 아메리칸치즈American cheese 20g, 오이피클dill pickle whole 40g, 식용유salad oil 5g, 붉은 양파 피클red onion pickle 30g, 마디호박 피클zucchini pickle 20g, 스파이시 아이올리 소스spicy aioli sauce 20mL, 햄버거 패티meat patty(200g) 1ea, 멀티 그레인 번multigrain bun 1ea, 감자튀김French fried potatoes 80g, 식용유salad oil 300mL

만드는 방법

1 멀티 그레인 번은 2등분하여 굽고 스파이시 아이올리 소스를 바른다.
2 햄버거 패티는 그릴에서 굽고, 그 위에 구운 베이컨, 치즈를 올린 후 멀티 그레인 번 위에 올린다.
3 접시에 햄버거를 놓고, 신선한 겨자잎 위에 피클, 토마토, 양파를 놓고 감자튀김을 곁들여 제공한다.

NOTE **스파이시 아이올리 소스**

• 달걀노른자와 올리브유를 혼합해서 고춧가루를 섞은 것

RECIPE

곁들임 레시피

햄버거 패티

재료 및 분량
[20개]

쇠고기 라운드top round of beef 20kg, 돼지기름pork fat 3kg, 이탈리아 파슬리찹chopped Italian parsley 100g, 우스터소스worcestershire sauce 300mL, 마늘 파우더garlic powder 50g, 디존 머스터드Dijon mustard 300g, 양파파우더onion powder 50g, 토마토주스tomato juice 600mL, 우유에 불린 식빵slices white toast bread, skin off soaked in milk 30pc, 소금salt 140g, 후춧가루ground pepper 60g

만드는 방법

1 쇠고기를 4mm 칼날을 사용한 고기용 믹서에 내린다.
2 내린 쇠고기에 나머지 재료를 넣어 반죽한 후, 200g 크기의 햄버거 패티를 성형한다. 이때 쇠고기 54kg당 소금 350g을 사용한다.

브리치즈와 석쇠에 구운 가지를 곁들인

파니니 샌드위치 Panini sandwich with grilled eggplant and brie cheese

재료 및 분량
[1인분]

이탈리아 바게트Italian baguette(100g) 1ea, 바질-마늘-마요네즈 스프레드basil & garlic mayonnaise spread 10g, 세미 선드라이 토마토sliced semi sun-dried tomatoes 35g, 브리치즈thick sliced brie cheese(5mm) 55g, 석쇠에 구운 가지grilled eggplant 60g, 올리브유olive oil 20mL, 옥수수 가루semolina 3g

만드는 방법

1 이탈리아 바게트는 세로로 2등분하여 내부만 더블그릴에서 갈색으로 굽고, 빵을 펼쳐서 바질-마늘-마요네즈 스프레드를 빵의 양면에 바른다.
2 세미 선드라이 토마토, 브리치즈, 석쇠에 구운 가지를 올리고, 빵 뚜껑을 덮는다.
3 올리브유를 빵 뚜껑에 바른 후 고운 옥수수 가루를 뿌린다.
4 더블그릴에서 12분간(6분간 구운 후 돌려서 격자무늬) 구워서 접시에 담고, 신선한 샐러드와 드레싱을 곁들인다.

RECIPE

곁들임 레시피

석쇠에 구운 가지

재료 및 분량
[400g]

가지thick sliced eggplant(1cm) 1kg, 소금salt 2.5g, 올리브유olive oil 30mL, 검은 후춧가루ground black pepper 1g, 바질 쉬레드shredded fresh basil 5g

만드는 방법

1 1cm 두께로 썬 가지는 소금을 뿌려서 10분간 실온에 둔다.
2 석쇠에서 격자무늬가 나도록 양면을 굽는다.
3 올리브유, 검은 후춧가루, 바질을 곁들여 30분간 절여 둔다.

REFERENCE / 참고문헌

국내 문헌

P. 토머스 지이글러 지음, 송계원 옮김(1971), 식육학(The Meat We Eat), 대한교과서주식회사.

나영선 외 4인(2008), 호텔서양조리 실무개론, 백산출판사.

시바타쇼텐 지음, 방영옥 옮김(2018), 소스 앤 딥, 한스미디어.

안선정 · 김은미 · 이은정(2009), 새로운 감각으로 새로 쓴 조리원리, 백산출판사.

염진철 · 엄영호 · 김상태 · 허정(2008), 전문조리용어해설, 백산출판사.

와가야마 요코 지음, 김정명 옮김(2019), 프라이팬 리소토, 북핀.

윤계순 외 4인(2008), 새로 쓴 식품학 및 조리원리, 수학사.

이두찬 · 이은정 · 김성국 · 김상연(2019), 기초서양조리, 파워북.

임성빈(2008), 맛있는 프랑스 요리, 굿러닝.

최수근(2002), 서양요리, 형설출판사.

카와테 리로야스 지음, 용동희 옮김(2018), 고기 굽기의 기술, 그린쿡.

한성욱(1996), 가축의 품종, 선진문화사.

국외 문헌

Adrian Bailey(1990), Cook's Ingredients, Reader's Digest.

Bennion M, Scheule B(2003), Introductory foods, 12th ed., Prentice Hall.

Brown A.(2007), Understanding food: Principles and preparation, Thomson Wadsworth.

Dr.Stuart Farrimond(2017), The Science of Cooking, First American Edition, DK Publishing.

Eugen Pauli(1989), Classical Cooking the Modern Way, Van Nostrand Reinhold, 2nd.

Fish Identification and Fabrication, CIA Courseguide(2014).

Harold McGee(2004), On Food And Cooking, the Science and Lore of the Kitchen. NY, Scribner

McWilliams Margaret(2008), Food Fundamentals (9th Edition), Prentice Hall.

Meat Identification & Fabrication courseguide, CIA Courseguide(2014).

Newman, Carol M(2007), The Best of Art Culinaire.

Pennors, Scott, Andre, Jacques(2017), APICIUS, L'art Culinaire, LesBelles Lettres.

Sharon Tyler Herbst(2001), Food Lover's Companion, 3rd ed., Barron's Cooking Guide Skill, CIA Courseguide(2014).

The Culinary Institute of America(2002), The New Professional Chef, 7th,, Van Nostrand Reinhold.

웹사이트

두산백과사전 EnCyber & EnCyber.com

축산물등급판정소 http://www.apgs.co.kr

축산물등급판정소 http://www.apgs.co.kr

미국육류협회 http://www.usmef.co.kr

저자 소개

이두찬

한국방송통신대학 법학과 법학사
경기대학교 관광학과 경영학석사, 세종대학교 조리외식학과 박사과정 수료
서울 플라자 호텔, 서울 밀레니엄 힐튼호텔, 서울 그랜드인터컨티넨탈호텔 조리과장
경주호텔학교 교수
서울 조선호텔 총주방장(조리부장), 한국총주방장회(KCC) 회원
현재 대전보건대학 호텔외식조리과 교수

이은정

이화여자대학교 식품영양학과 이학사
The Culinary Institute of America(CIA), AOS 학위
경기대학교 외식산업경영학과 관광학석사, 외식조리관리 관광학박사
서울 그랜드인터컨티넨탈호텔 조리부
신한대학교 바이오생태보건대학 외식조리전공 교수
현재 한경대학교 영양조리과학과 교수

김성국

한국방송통신대학 영어영문학과 영문학사
동국대학교 산업과학과 공학석사
세종대학교 조리외식경영학과 조리학박사
서울 신라 호텔 조리팀 차장, 더 클래식 500호텔 펜타즈 총주방장
대한민국 우수 숙련 기술인, 조리 기능장
현재 세종대학교 관광대학원 교수

THE
PROFESSIONAL
Western Cooking | 고급 서양요리

2019년 8월 9일 초판 인쇄 | 2019년 8월 16일 초판 발행

지은이 이두찬·이은정·김성국 | **펴낸이** 류제동 | **펴낸곳** **교문사**

편집부장 모은영 | **책임편집** 성혜진 | **본문편집** 김남권 | **디자인** 황순하
제작 김선형 | **홍보** 이솔아 | **영업** 이진석·정용섭·진경민 | **출력·인쇄** 드림애드 | **제본** 한진제본

주소 (10881)경기도 파주시 문발로 116 | **전화** 031-955-6111 | **팩스** 031-955-0955
홈페이지 www.gyomoon.com | **E-mail** genie@gyomoon.com
등록 1960. 10. 28. 제406-2006-000035호
ISBN 978-89-363-1854-3(93590) | 값 23,800원

* 저자와의 협의하에 인지를 생략합니다.
* 잘못된 책은 바꿔 드립니다.